ESTE ES SU
MOMENTO

RECLAME SU TERRITORIO PARA EL REINO

EDDIE
LONG

WHITAKER HOUSE

A menos que se indique lo contrario, todas las citas bíblicas han sido tomadas de la *Santa Biblia, Versión Reina Valera* © 1960 por la Sociedad Bíblica Internacional. Aquellas citas bíblicas señaladas (LBLA) son tomadas de la *Santa Biblia, La Biblia de las Américas* © 1999 por The Lockman Foundation. Usadas con permiso. (www.Lockman.org)

Traducción al español por: Sara Castillo Ramos.

Nota de la traductora: Para mayor facilidad de traducción, el género masculino, en todas sus formas tanto plural como singular (i.e.: él, ellos, hombre, hombres, hijo, hijos, etc.), se utiliza en este libro en forma inclusiva para referirse a ambos géneros (masculino y femenino).

ESTE ES SU MOMENTO: RECLAME SU TERRITORIO PARA EL REINO
Publicado originalmente en inglés bajo el título
It's Your Time: Reclaim Your Territory for the Kindom.

New Birth Missionary Baptist Church
P.O. Box 1019
Lithonia, GA 30058
770 696 9600
www.newbirth.org

ISBN-13: 978-0-88368-791-8
ISBN-10: 0-88368-791-7
Impreso en los Estados Unidos de América
© 2006 by Eddie Long

Whitaker House
1030 Hunt Valley Circle
New Kensington, PA 15068
www.whitakerhouse.com

Library of Congress Cataloging-in-Publication Data
Long, Eddie.
[It's your time. Spanish]
Este es su momento : reclame su territorio para el Reino / Eddie Long.
p.   cm.
Summary: "A call for the church to reclaim the kingdom inheritance that God has given her"—Provided by publisher.
ISBN-13: 978-0-88368-791-8 (trade pbk. : alk. paper)
ISBN-10: 0-88368-791-7 (trade pbk. : alk. paper)
1. Church renewal—Baptists. I. Title.
BV600.3.L6618 2006
269—dc22   2006031514

1 2 3 4 5 6 7 8 9 10 11 12 ɰ 14 13 12 11 10 09 08 07 06

CONTENIDO

Capítulo 1

RECUPERANDO LO PERDIDO

En un borrascoso día de invierno, cerca de veinticinco mil creyentes cantaron cánticos de adoración y marcharon como un ejército unido. Orando bajo una llovizna, nosotros recorrimos las calles de la ciudad de Atlanta como un poderoso río, unidos en el poder de una unidad santa. En ese día, nos convertimos en una voz, un llamado de clarín que clama por los derechos que no deben ser negados. El 11 de Diciembre de 2004, la *New Birth Missionary Baptist Church* (Iglesia Bautista Misionera del Nuevo Nacimiento) organizó esta marcha a través de la ciudad de Atlanta. Empezamos en el sepulcro del Reverendo Martin Luther King, hijo, y terminamos en Turner Field. Bernice, la hija del Reverendo King, inició la marcha encendiendo una antorcha en la tumba de su padre y me la pasó a mí. Yo llevé esa antorcha por dos millas mientras avanzábamos a través de la ciudad.

Nuestra meta: tomar una posición y hacer una declaración de nuestra creencia de que el matrimonio es entre un hombre y una mujer. Otras metas incluían programas que crearan bienestar para los menos privilegiados, la promoción de una reforma educacional, y, proveer un económico cuidado de la salud. Esto no es un asunto de blancos, negros o trigueños. Esto es un asunto humano; un asunto cristiano. Como hijos de Dios, nosotros debemos levantarnos unidos y recuperar lo que el enemigo nos ha robado.

Como un pueblo, como un país y como una iglesia, como una voz masiva del reino, hicimos una fuerte y osada proclamación por la moralidad, la pureza y la santidad, ante una nación que ha perdido su camino. Marchamos para anunciar nuestra intención de retomar lo que el diablo se ha robado. No seremos detenidos. No seremos regresados. No seremos negados.

A los impíos no les gusto y nos encontramos con persecución y calumnia. Nosotros no esperábamos nada menos. Nuestra marcha se escuchó como una marcha de hace mucho tiempo, cuando como un pueblo negro, nos unimos y empezamos décadas de prolongada lucha para reclamar nuestra dignidad humana y nuestros derechos civiles.

> ¡Como cristianos, debemos unirnos y reclamar lo que hemos perdido!

Hoy nuestro mandato es no menos urgente y no menos vital. Como pueblo cristiano, nosotros debemos unirnos una vez más y reclamar lo que hemos perdido. Estamos bajo un mandato–el mandato del reino–para cambiar. ¡Y nosotros triunfaremos!

Esa es la razón por la que he escrito este libro. Por demasiado tiempo nos hemos detenido, hemos mantenido nuestra paz y le hemos permitido a los impíos determinar nuestro destino como pueblo, como nación y como individuos. Nosotros somos la iglesia del Dios viviente; somos la cabeza y no la cola (Véase Deuteronomio 28:13). Sin embargo, tristemente nos hemos acostado y hemos permitido que el diablo camine sobre nosotros mientras hemos estado viviendo en división, pequeñeces y luchas.

No obstante, un nuevo día ha llegado. Un día para reclamar la promesa del Reino y el propósito de nuestra existencia. Con este mensaje yo anuncio la promesa de este libro: Nosotros estamos destinados a retomar lo perdido, y estamos teniendo éxito con una fuerza determinada que no puede ser detenida.

Si usted está viviendo debajo de su pleno derecho como un hijo del destino, este libro es para usted. Como hijo o hija de Dios, le ordeno levantarse y asirse de aquello para lo que usted ha sido creado y salvado. Su nación y su mundo necesitan que usted completamente se de cuenta de su posición como hijo o hija de Dios en esta hora decisiva. ¡Es mi oración de que estas páginas le ciñan de sabiduría, visión y poder para levantarse y recuperar lo que había perdido!

Usted no es un mendigo en el reino de Dios, suplicando por las migajas de Su mesa. Usted es un rey o una reina, y, un sacerdote. Para reclamar lo que es suyo, primero usted necesitará

> *En el reino de Dios, usted es un rey o una reina, y, un sacerdote.*

cambiar la manera que ha estado pensando: Como un hijo o hija de un reino, usted necesita empezar a desarrollar la disposición mental del reino (Véase Apocalipsis 1:6; 5:10).

Pensamiento del Reino

Dios nos está llamando a cosas más grandes, a una nueva dimensión de vida. Nos está impulsando hacia las "dimensiones del reino". Por favor entienda que Dios nombra reyes. Es por que a Él se le llama el Rey de reyes y Señor de señores.

El cuerpo de Cristo parece luchar grandemente con el hecho de que Dios levanta a ciertos hombres y mujeres para que sean Su voz. Él habla a los Suyos por medio de siervos que él comisiona como una voz de liberación, una voz de dirección y una voz que los impulsa hacia sus destinos.

Tres y medio millones de israelitas murieron en el desierto en vez de entrar en la tierra que les fue prometida. ¿Sabe usted por qué? Fue por esta razón: Doce líderes entraron a la Tierra Prometida para espiarla y traerles un informe. No obstante, diez de aquellos doce líderes regresaron con el informe equivocado. Estos diez eran líderes de tribus–no eran jóvenes inexpertos. Tampoco eran recién convertidos. Estos diez de esos doce predicaron el sermón equivocado y tres millones y medio de personas escogieron seguirlos en una larga, lenta e incandescente muerte en el desierto. Dios nunca sancionó lo que estos diez líderes dijeron. Así que todos ellos murieron en el desierto.

Puede que no lo sepa, pero el viaje de Egipto hasta la Tierra Prometida era una gira de once días. Imagínese cuán lejos podría usted viajar en once días, caminando todos los días y descansando por las noches. ¡Luego considere que, por cuarenta años, tres millones y medio de personas deambularon en un área tan pequeña hasta que murieron en el desierto! ¡Si eso le suena como tontería y locura, así lo fue!

Esa misma situación ha estado ocurriendo en el cuerpo de Cristo. Hemos estado deambulando en círculos por el desierto de nuestras bajas expectativas, porque no entendemos y todavía no aprendemos a caminar en los caminos del reino de Dios.

Venga Tu Reino

Quiero ahondar un poco más allá. Considere la simplicidad de Jesús cuando los discípulos Le pidieron que les enseñara a orar. Él nos enseñó a orar de acuerdo a este modelo: *"Padre nuestro que estás en los cielos, santificado sea tu nombre.*

*Venga tu **reino**. Hágase tu voluntad, así en la tierra como en el cielo"* (Mateo 6:9–10, LBLA, el énfasis fue añadido).

Cristo no dijo: "Venga tu 'iglesia'..." Él dijo: *"Venga tu **reino**. Hágase tu voluntad, así en la tierra como en el cielo"* (el énfasis fue añadido).

Después de tratar con esos asuntos, Él fue a cosas algo más personales: *"Danos hoy el pan nuestro de cada día. Y perdónanos nuestras deudas, como también nosotros hemos perdonado a nuestros deudores"* (versículos 11–12, LBLA).

La declaración del reino fue hecha primero, luego los temas personales fueron tratados como sub-incisos de la declaración arrolladora acerca de Su reino. En otras palabras, si Su reino no viene, tampoco nuestro pan cotidiano.

Por lo tanto, sin la llegada de Su reino, no puede extenderse la gracia con la cual perdonamos o somos perdonados. Ni hay nada que nos impida ser guiados hacia el mal.

Dios nos dice que sin Su reino no comeremos. Sin embargo, nosotros tomamos esta breve oración y jugamos con ella como con un juguete cualquiera. Nosotros la consideramos muy atractiva–la oración con la que nos graduamos después que logramos aprender "Ahora me dispongo a dormir" [oración que se le enseña a decir a los niños antes de ir a la cama].

Esta inmadurez espiritual descarta el gran peso de la dinámica verdad bíblica. Dios estaba diciendo: "He venido para establecer un reino". Juan el Bautista entendió esta enérgica proclamación cuando él predicaba: "Arrepentíos, porque el reino de los cielos está cerca" (Véase Marcos 1:15).

Los Josués y los Calebs de Hoy

Por cuarenta años los israelitas deambularon en el desierto porque ellos escucharon las voces equivocas. Y todavía

Dios les dio la oportunidad de escuchar las correctas. Ellos no eran la mayoría, pero sus voces fueron escuchadas. Si los israelitas hubieran escuchado a estas voces, enseguida ellos hubieran disfrutado de los beneficios de la Tierra Prometida sin una generación en dolor, decepción, aflicción, conflicto y muerte.

Dios, en esta hora, ha levantado voces que prestan atención a las voces de Josué y Caleb, quienes gritan a los que puedan oír. Pero no los busque entre la mayoría, pues la mayoría no puede oírlos. Solamente aquellos que han sido quebrantados tienen la habilidad de escuchar. Esa es la razón por la que Dios nos pasa por períodos de quebrantamiento y humillaciones en nuestras vidas, para que podamos llegar ser totalmente quebrantados.

> *Solamente aquellos que han sido quebrantados tienen la habilidad de escuchar Su voz.*

¿Por qué Él necesita quebrantarnos? Para que podamos escuchar Su voz. En esta hora, más que nunca, usted necesita ser capaz de discernir si usted está escuchando la voz de Dios o no.

Yo no asumo que usted escuchará a estos Josués y Calebs porque usted está escuchando a los líderes por televisión. La única calificación que un individuo necesita para salir en televisión es que tenga suficiente dinero para pagar el espacio. Sólo porque alguien esté hablando en televisión no significa que sea líder con una voz que pueda guiarlo a usted hacia la Tierra Prometida.

Ha llegado el momento de obtener el discernimiento para escuchar a los Josués y los Calebs de nuestro tiempo. Yo no sé usted, pero mi corazón añora toda la abundancia de Sus promesas, y, estoy cansado porque hemos deambulado en el desierto por demasiado tiempo.

DERRIBANDO LOS MUROS DE JERICÓ

¡Quiero derribar los muros de Jericó por última vez, porque ya no estoy más en el desierto! Si está leyendo este libro, creo que usted es una persona que camina bajo las promesas de Dios. Ha llegado el momento de derribar esos muros.

Los muros han sido fortificados por mucho tiempo con el propósito de mantener al pueblo de Dios fuera de las promesas. Se nos han cerrado las puertas del empleo, la riqueza, la sanidad y mucho más. Hay mucha gente que está enferma porque no tienen los recursos para mantenerse sanos.

Estoy aquí para decirle a usted que el diablo es un mentiroso. Nosotros somos el pueblo de Dios, derribaremos estos muros y nada nos será negado. Todo lo que ha sido encerrado en la ciudad, todo lo que ha sido encerrado en el estado y todo lo que ha sido encerrado en la nación será liberado en las manos de los hijos de Dios por medio del grito poderoso del Espíritu Santo.

Para liberar el grito del Espíritu Santo en su vida, usted debe convertirse en un adorador. Dios no aceptará nada menos, pero usted debe adorarle a Él en espíritu y en verdad. Esto es lo que le tomará para bendecir al Señor y liberar Su poderoso grito.

SOLTANDO UN GRITO

Puede ser que usted no entienda lo que quiero decir con "soltar un grito", pero para derribar esos muros de resistencia al reino de Dios y nuestras promesas, usted debe hacerlo.

Soltar un grito es de vital importancia para establecer el reino de Dios.

Permítame explicarle. Si yo fuera a poner una radio frente a usted, la enchufo en la fuente de energía y la enciendo, podría recibir toda clase de cosas que salen al aire. Pero sin una radio no puedo recibir ninguna señal. Si sucede que yo no tenga una radio, eso no significa que las señales no estén ahí. Ellas están allí, pero yo no las puedo oír porque no tengo los "oídos" electrónicos para oír. De igual modo, cuando usted eleva una alabanza espiritual al Señor, ésta no deja de ir más allá simplemente porque usted dejó de oírla. Su alabanza desata *virtud* en la atmósfera.

En nuestra propia ciudad, hemos tenido hombres fieles y mujeres orando continuamente, adorando a Dios. Ellos han llenado la atmósfera con oración y alabanza, así como los israelitas lo hicieron cuando rodearon Jericó durante los siete días de su marcha. Pero cuando llegó el momento indicado, cuando Dios habló una palabra por medio de su líder, ellos liberaron todo ese poder con un grito unificado.

Nosotros efectuamos el poder de ese grito sólo días antes de la última elección. Cuando la batalla arreciaba y había mucho en la balanza, nuestro pueblo se unió en oración. Nosotros soltamos un grito vencedor de alabanza en la atmósfera, dirigido hacia Washington, DC, la ciudad de Atlanta y hacia nuestra propia vecindad de Lithonia, Georgia.

La oración y alabanza unida del pueblo de Dios libera un gran poder. Su reino viene por medio de Su pueblo. Mi congregación celebra reuniones de oración regularmente. Yo les digo que cuando nos unimos en oración para soltar un "grito", ellos deben saber que los líderes de este país fueron soberanamente ordenados. El evento tuvo lugar antes de la última elección cuando el país entero estaba enfrascado en un feroz conflicto político sobre quién debería colocar la base de liderazgo nacional para conducir nuestra nación al nuevo milenio.

Mucho antes Dios me había hablado y Él me dijo que unificara a mi gente en oración y adoración y que soltara un "grito" en la atmósfera. Dios uniría nuestras oraciones con las oraciones de otros alrededor del país para colocar en posición a un líder que sirva a Dios. Después del grito, nosotros sabríamos que ya Dios había escogido a Sus líderes, y el presidente presente y los futuros presidentes sabrían que Dios es quien está a cargo de esta nación.

Cuando Dios puede encontrar personas que están sujetas a sus líderes, aquellos con una sola voz, aquellos con visión unificada para ver que venga el reino y se haga la perfecta voluntad de Dios en Su tiempo perfecto, es entonces cuando Él puede liberar Su poder. Si nuestro grito se conecta con el clamor sincero de otros creyentes, nuestras voces serán dirigidas como un rayo láser en el reino espiritual.

> *Dios ya ha escogido a Sus líderes, y es Dios quien está a cargo de esta nación.*

Habrá creyentes que tengan la llave para la puerta de atrás de la Casa Blanca. Otros caminarán por la puerta del Senado y la Cámara, con entereza mostrarles una Biblia y declarar la Palabra del Señor. Ellos proclamarán que ciertas actividades y conductas terminarán, y la piedad empezará.

RECUPERANDO LO PERDIDO

¿Cree usted en el milagroso poder de Dios? ¿Cree usted que lo que Dios le ha prometido a Su pueblo está en nuestras manos? ¿Qué cada lugar que la planta de su pie pisare ya es suyo? (Véase Josué 1:3). Si así es, entonces levántese y tome autoridad. Una su voz a la nuestra y enérgicamente afirme su poder como creyente.

Nosotros en *New Birth* (la Iglesia Nuevo Nacimiento) nos unimos en una valiente fuerza espiritual y declaramos al reino de las tinieblas: *¡Reclamamos a nuestros jóvenes! ¡Reclamamos a nuestros niños! ¡Declaramos que nuestras familias están regresando a Dios! ¡Declaramos que la riqueza de los impíos le pertenece a los justos! ¡Exigimos que todo lo que el diablo se ha robado nos sea regresado ahora mismo!*

Ahora es el momento para que los santos del Dios Altísimo que se levanten y tomen posesión del Reino. ¿Es usted creyente, o todavía duda? Decida levantarse en fe, sin vacilar. Este es su momento darle un puntapié a las puertas del infierno y obtener acceso como nunca antes.

Dios necesita personas que puedan manejar el poder y la autoridad. Dios necesita pueblo en quien Él pueda confiar. ¿Puede Él confiarle dinero a usted? ¿Puede él confiarle a usted ideas creativas que puedan asombrar ciudades y conmover naciones enteras? ¿Puede Él confiar en que usted buscará y seguirá la voluntad de Él para su vida?

Cuando los israelitas rodearon Jericó, ellos estaban buscando acceso a la misma. Las bendiciones de Dios estaban encerradas detrás de los poderosos muros que parecían imposibles de penetrar. Las bendiciones que Dios les había prometido estaban en manos de sus enemigos–los residentes de Jericó quienes se les oponían. Para poder recibir las bendiciones de Dios para sus vidas, para retomar lo que Dios ya les había dado, ellos necesitaban pasar detrás de aquellos muros. Ellos necesitaban acceso.

Cuando los israelitas miraron los inmensos muros, ellos oraron y Dios les dijo que soltaran un grito fuerte. Sus caminos no son nuestros caminos. Nosotros intentamos derribar los muros levantados contra nuestra promesa y propósito por medio de programas hechos por el hombre. Sin embargo, Dios no necesita nuestros programas y estrategias. ¿Está usted listo para abandonar su programa y seguir el programa de Dios?

Dios dice: "Yo estoy buscando creyentes. Estoy buscando a los redimidos del Señor para poder pronunciar una bendición sobre ellos". Si usted es uno de ellos, yo proclamo Su bendición sobre usted y pueda ella depositarse sobre usted poderosamente. Esta es la bendición que yo declaro sobre usted en este preciso momento. ¡Acceso, acceso, acceso, acceso! En el nombre

> *Las puertas de la bendición son abiertas por medio de Su nombre.*

de Jesús, las puertas de la oportunidad y la bendición son abiertas para su vida por medio del poder de Su gran nombre.

Dios dice: "Mientras usted oraba por otros, Yo observaba tus preocupaciones. Mientras tú orabas por la liberación de tu nación, Yo estaba liberándote en esta nación".

Cuando Josué liberó el grito del pueblo, ese grito fue dirigido hacia los muros con visión y voz unificadas. Cada uno de aquellos soldados tenía una necesidad peculiar, pero todo lo que ellos necesitaban estaba del otro lado de aquellos muros. Individualmente, ellos no podían ser egoístas y hablar de los que personalmente necesitaban. Si todos juntos no podían ser bendecidos, entonces ninguno iba ser bendecido. Para entender el Reino, ellos tenían que darse cuenta que había un líder a quien Dios había levantado para que fuera delante de ellos. Josué, su líder, no era un cobarde. Él valientemente escuchó y siguió la palabra del Señor.

LÍDERES ESCOGIDOS POR DIOS

Nos encanta escuchar historias de líderes como Moisés, Elías y Pablo porque ellos ya están muertos. Nos gusta estudiar y contar acerca de ellos. Si ellos estuvieran vivos hoy, unos pocos los seguiríamos. ¿Por qué? Porque seguir a un gran líder exige un alto precio de nosotros–uno que pocos estamos dispuestos a pagar.

La visión y entendimiento de la iglesia moderna sobre su liderazgo ha infligido estragos en el cuerpo de Cristo y perpetrado mucho daño. Pocos creyentes en nuestra generación entienden y aceptan que Dios pone una visión y un destino colectivo en los corazones de hombres y mujeres. Él tiene la plena intención de que las ovejas se sujeten a tales líderes. Sólo porque unos cuantos líderes se han expuesto al fraude eso no sugiere que Dios ha cambiado la manera en que Él obra en la iglesia. Él tiene la plena intención de que le recibamos a Él por medio de los dones, visiones, y unción que Él ha conferido sobre varios líderes. Ellos son merecedores de nuestro respeto, no por lo que ellos son en la carne, sino porque Dios los escogió y los puso en ese lugar.

ORANDO EN EL "YA"

Un asunto final es de vital importancia para soltar un grito que haga que los muros de resistencia en su vida se desmoronen. Para liberar un grito, usted debe cambiar su lenguaje de oración. Permítame explicarle. Usted recordará que Dios terminó todo desde el principio de los tiempos. Si usted lee Génesis, usted encontrará que todo fue acabado. Una vez que

Él completó Su plan, hasta entonces Él comenzó las generaciones de Adán.

Es de vital importancia entender que Dios no nos envió para hacer el trabajo de la humanidad. Él nos envió *porque* ya estaba hecho. Él completó Su plan para la humanidad y luego Él regresó y empezó nuestra historia. Él no nos envió a hacerla; Él nos envió porque ya estaba hecha. Es por eso que Él nos dice: **"Yo os he entregado**...*todo lugar que pisare la plante de vuestro pie"* (Josué 1:3, el énfasis fue añadido). Esto significa que cada lugar que pisen sus pies *ya* le ha sido entregado a usted. Por consiguiente, cuando ore usted debe orar en el "ya". Dios no lo envía a usted a completar Su propósito– ¡Él ya lo ha hecho! Él lo envía a usted a reforzar lo que Él ya ha completado.

RECLAMANDO A NUESTROS JÓVENES

Yo tengo "el ya" en mi espíritu. Para soltar un grito, usted también debe estar en el ahora y orar en el "ya", con plena convicción de que Dios está escuchando y moviéndose en el momento exacto en el que usted está clamándole a Él.

Permítame que explique lo que yo quiero decir. Orando en el "ya" significa que usted espera una respuesta no dentro de unos pocos días, no para el año entrante, sino en el momento que usted ora. El acto de orar está realmente moviendo el caso, el problema, el asunto. Usted viene ante Dios sabiendo que la respuesta "ya" ha sido dada, y su oración es un acto de recibir la respuesta en el aquí y ahora. Cuando Josué y los israelitas soltaron el grito, los muros se vinieron abajo *mientras ellos todavía estaban gritando.* Eso es lo que significa orar en el "ya".

Si usted eleva oraciones "procesadas", entonces recibe la respuesta dentro de un mes o un año–en realidad usted puede poner su respuesta en espera por orar de esa manera. Las oraciones procesadas son aquellas oraciones en las que se espera que alguna vez en el futuro ellas sean oídas y contestadas. Recientemente, cuando empecé a orar con mi congregación declarando que nuestros jóvenes regresarían al Señor, espontáneamente los miembros estallaron en alabanza y en grito, aunque los jóvenes no estaban en el santuario. En ese preciso momento, el Espíritu de Dios detuvo de sus caminos a muchos de nuestros adolescentes. Literalmente, en esa misma hora ellos empezaron a llegar al santuario.

Nosotros hacemos "mega" oraciones, cuyo término hemos acuñado para sugerir la asombrosa, liberación instantánea de una oración de poder para ejecutar los planes y propósitos de Dios. Una "mega" oración significa que *está contestada, yo lo declaro, hecho ahora mismo.*

> *¡Somos la iglesia de Jesucristo y ésta es nuestra mejor hora!*

Declaremos una "mega" oración sobre su vida ahora mismo: Usted está caminando en poder, autoridad, sanidad y prosperidad. Su alma está prosperando y usted tiene el dominio. Usted tiene dominio sobre el estado donde vive y sobre la ciudad en la cual usted ha sido colocado por el Dios Todopoderoso.

Esta es nuestra nación y nuestro mundo. ¡Somos la iglesia de Jesucristo y ésta es nuestra mejor hora!

GRITANDO POR LAS CALLES DE ATLANTA

Nuestra marcha a través de Atlanta ese día borrascoso, fue una demostración de unidad y dominio del pueblo de Dios. No fue sin conflictos. Marchamos bajo una bruma de horribles y a veces grotesca propaganda de grupos homosexuales y lesbianas, y, de la prensa. Pero la oposición de los pocos ignominiosos fue escasamente audible junto al espléndido grito que hecho por la masiva asamblea de hombres y mujeres justos que marchaban al lado del Señor.

El futuro de esta nación no yace en las manos de los políticos. Nuestro futuro es sostenido por gente piadosa desde el Este hasta la costa Oeste, quienes se levantarán y dejarán oír sus voces a favor de la piedad. Es tiempo de tomar las calles y declarar: "¡Basta ya! No estamos dispuestos a permanecer en silencio mientras la santidad del matrimonio y la familia están siendo atacados".

Daniel 4:3 dice: *"Su reino, reino sempiterno"*. Usted puede tener un reino eterno sin poder, pero el versículo no se detiene ahí. Éste continúa diciendo: *"Y su señorío de generación en generación"*. Dios tiene un reino eterno, pero Su dominio–Su supremacía, Su autoridad–es de generación en generación. Por lo tanto, nosotros marchamos unidos con aquellos valientes profetas del pasado, nuestros padres y madres que se levantaron para ser contados. Y marchamos con nuestros hijos llevados de la mano y nuestros bebés en nuestros brazos. Nuestras generaciones son edificadas sobre fundamentos firmes de justicia, una roca sólida de verdad.

Marchamos por las calles para declarar el dominio de Cristo sobre la agenda de los homosexuales y sobre los principados y poderes que trabajan para hurtar y disminuir el poder del pueblo de Dios. Los hijos de Dios se están levantando en esta hora oscura para retomar lo que el diablo se ha robado. ¡Ante la nación entera lanzamos un grito, una declaración vehemente de que el reino de Dios ha llegado y que se hará la *voluntad* de Dios! No seremos silenciados, no seremos derrotados, no seremos movidos.

Capítulo 2

Un mandato del Reino

T oda la nación jadeó de susto y escepticismo a medida que llegaban los primeros informes. Un tsunami de proporciones sin precedente arrasaba hacia el mar ciudades enteras, villas y personas. Sin advertencia, un terremoto bajo el mar creó olas que se creían podían llegar a los cien pies de altura, cruzando hacia la playa con una velocidad desde cuatrocientas a seiscientas millas por hora. La cantidad de muertos que fueron reportados fue incomprensible. Al final, más de ciento cincuenta mil personas de varias naciones de asiáticas fueron arrastradas hacia la muerte.

¿Qué sucedió? La tierra cambió. Hubo una realineación de los fundamentos sobre los que yace la tierra.

Quiero proveer una visión profética de este evento y así de muchos otros que han ocurrido recientemente. El tsunami ocurrió al final de una temporada de huracanes de los peores en la historia. Nueve huracanes le costaron al contribuyente americano cincuenta y dos billones de dólares en daños.

Proféticamente, creo que hemos entrado en un tiempo de alineamiento espiritual y ajustes del Reino. Grandes terremotos y poderosas sacudidas están ocurriendo en el reino espiritual. El reino físico simplemente está reflejando la realidad de este reino espiritual.

¿Cómo está conectado el cuerpo de Cristo a todos estos eventos? ¿Está envuelto Dios en este tiempo sin precedentes en los cuales estamos viviendo? Para avanzar en los asuntos del reino del Padre, usted debe estar bien equipado con un buen entendimiento y visión espiritual sobre estos dramáticos y a menudo trágicos tiempos en que vivimos.

CIRCUNSTANCIAS DE PRUEBA

Cuando Juan el Bautista fue encarcelado, él parecía confundido porque Jesús–Aquel a quien él había estado anunciando–no vino a la cárcel para liberarlo o al menos visitarlo. Aparentemente, lleno de confusión y dudas, Juan le hizo una pregunta intencional: *"¿Eres Tú aquel que había de venir, o esperaremos a otro?"* (Mateo 11:3). En otras palabras, ¿era Jesús realmente el Cristo? Juan había preparado el camino y predicado que Jesús había venido, pero el estar sentado en aquella celda oscura esperando la ejecución parecía haber jugado con su cerebro.

Jesús le contestó su pregunta: *"Bienaventurado es el que no halle tropiezo en mí"* (Mateo 11:6).

Habrá algunas personas que se estancarán en asuntos que Dios no trata. Ellos parecen pensar que Dios debería preocuparse por lo que les incomoda a ellos, pero no es así. Ellos están profundamente preocupados y ante sus ojos Él parece no tener cuidado de ellos. Esto podría hacer que un individuo se moleste mucho Dios. Eso es por lo que Jesús dijo: "Bienaventurados aquellos que no se perturban con las cosas que Yo hago".

LAS SEÑALES DE NUESTROS TIEMPOS

No hay manera posible de explicar o tratar de entenderlo todo. El terremoto que ha devastado vidas y personas debe ser entendido y tratado para poder ofrecer claridad. Sin embargo, las cosas de las que voy a hablar son carne, no leche. Con facilidad ellas son mal interpretadas; y como la mayoría de nosotros sabemos, la mala interpretación con frecuencia acarrea ofensa. Ore y pídale a Dios que le dé oídos para escuchar lo que el Espíritu de Dios está diciendo.

> *Y le preguntaron, diciendo: Maestro, ¿cuándo será esto? ¿Y qué señal habrá cuando estas cosas estén para suceder?... Entonces habrá señales en el sol, en la luna y en las estrellas, y en la tierra angustia de las gentes, confundidas a causa del bramido del mar y de las olas; desfalleciendo los hombres por el temor y la expectación de las cosas que sobrevendrán en la tierra; porque las potencias de los cielos serán conmovidas. Entonces verán al Hijo del Hombre, que vendrá en una nube con poder y gran gloria. Cuando estas cosas comiencen a suceder, erguíos y levantad vuestra cabeza, porque vuestra redención está cerca.* (Lucas 21:7, 25–28)

Cuando estas cosas empiecen a suceder, nos dice el Señor: *"levantad vuestra cabeza, porque vuestra redención está cerca"*. Estas son las señales de los tiempos en los cuales vivimos.

Cuando Dios habla del sol, la luna y las estrellas, Él nos está diciendo que el orden de alineamiento en este universo será impactado durante esta hora del tiempo. Cuando miramos el tema del alineamiento, debemos entender que Dios ha puesto un orden en el universo: primero lo natural y después lo espiritual.

Cuando comenzamos a caminar en la nueva vida en el Espíritu Santo, es de suma importancia que caminemos de acuerdo con aquellas cosas que Él ha ordenado para nosotros. Debemos caminar en rectitud y convertirnos en parte funcional del cuerpo de Jesucristo. Para hacerlo así, cada uno de nosotros debe encontrar nuestra parte individual en Su cuerpo y caminar de acuerdo al mismo. Debemos dejar de tratar de ser alguien más y dejar de caminar en celos, envidia y contienda. Su lugar en el cuerpo es tan importante como el lugar de cualquier otro, porque cada asignación divina es esencial.

> *Cada asignación divina es esencial para el cuerpo de Cristo.*

En el capítulo doce de Apocalipsis, una vez más vemos mencionados el sol, la luna y las estrellas:

> *Apareció en el cielo una gran señal: una mujer vestida del sol, con la luna debajo de sus pies, y sobre su cabeza una corona de doce estrellas. Y estando encinta, clamaba con dolores de parto, en la angustia del alumbramiento. También apareció otra señal en el cielo: he aquí un gran dragón escarlata, que tenía siete cabezas y diez cuernos, y en sus cabezas siete diademas; y su cola arrastraba la tercera parte de las estrellas del cielo, y las arrojó sobre la tierra. Y el dragón se paró frente a la mujer que estaba para dar a luz, a fin de devorar a su hijo tan pronto como naciese. Y ella dio a luz un hijo varón, que regirá con vara de hierro a todas las naciones; y su hijo fue arrebatado para Dios y para Su trono. Y la mujer huyó al desierto, donde tiene lugar preparado por Dios, para que allí la sustenten por mil doscientos sesenta días.*
>
> (Apocalipsis 12:1–6)

La mujer es símbolo de la iglesia de Jesucristo y ella está con dolores porque va a dar a luz al gobierno de Dios en la tierra. Cristo enseñó que el sol, la luna y las estrellas serían señales del fin de la era; y aquí en el libro de revelaciones apocalípticas vemos estas señales.

El Símbolo del Sol

El sol es un símbolo que representa a Jesucristo pues es una revelación de Él. Él está trayendo una revelación en esta hora que es más grande que nunca–es global. Cuando hablamos del sol, entendemos que la luz de la revelación del Espíritu de Dios ha sido concedida.

El apóstol Pedro recibió revelación de Dios con respecto a la verdadera identidad de Cristo. Jesús dijo: *"Y vosotros, ¿quién decís que soy yo?"*.

Él les dijo: Y vosotros, ¿quién decís que soy yo? Respondiendo Simón Pedro, dijo: Tú eres el Cristo, el Hijo del Dios viviente. Entonces le respondió Jesús: Bienaventurado eres, Simón, hijo de Jonás, porque no te lo reveló carne ni sangre, sino mi Padre que está en los cielos. Y yo también te digo: que tú eres Pedro, y sobre esta roca yo edificaré mi iglesia; y las puertas del Hades no prevalecerán contra ella.

(Mateo 16:15–18)

El Símbolo de la Luna

En el pasaje de Apocalipsis 12, el Señor también se refirió a las señales que envuelven a la luna. La luna refleja la gloria del sol en la oscuridad de la noche. De modo que la luna es un símbolo de la iglesia, ya que ella refleja la luz de Cristo en la oscuridad del mundo. La iglesia debe estar en correcto alineamiento con el Hijo para reflejar Su gloria.

Cuando Dios se revela a Sí mismo, Él es la *luz* y la fuente de toda luz, así como el sol ilumina la tierra. La luna no tiene luz propia, por eso no puede reflejar luz a menos que se encuentre en correcto alineamiento con el sol.

La luna debe estar alineada con el sol: Primero el sol, luego la luna. La luna es más brillante cuando está en perfecto alineamiento con el sol. Y la luz dentro de la iglesia brilla más cuando está en perfecto alineamiento, o relación, con el Hijo de Dios.

Siendo que no tenemos luz dentro de nosotros, excepto la que recibimos del Hijo de Dios, somos como la luna. Reflejamos la luz del Hijo. Puesto que simplemente reflejamos la luz que recibimos en la oscuridad alrededor nuestro, debemos estar

> ## La iglesia brilla más cuando se alinea con el Hijo de Dios.

en posición con el Hijo para reflejar Su gloria completa.

Recientemente, mi esposa y yo viajábamos en el carro cuando ella miró en el cielo de la noche y dijo: "Hay luna llena. Eso significa que todo está alineado con el sol". Durante la luna llena se conciben más bebés y hay más nacimientos.

Nuestro ministerio se llama *New Birth* (Nuevo Nacimiento), un nombre que Dios nos dio porque nuestro propósito es ser lugar de nacimiento para el reino de Dios. Cumplir con esa asignación significa que nosotros debemos vivir en alineamiento con el Rey. La vida de Dios llega cuando nosotros, como Su pueblo, caminamos en correcto alineamiento con el proceso y liberación del reino. Nuestra relación con Dios nos motiva a vivir para Él.

¿Sabía usted que la luna controla las mareas de los océanos? Considere por un momento que existen implicaciones espirituales y proféticas. Cuando la iglesia, representada por la luna, está fuera del alineamiento con el Hijo, representado por el sol, la tierra puede ser barrida en una marea de destrucción debido al pecado.

El Símbolo de las Estrellas

En Lucas 21:7, 25, Jesucristo incluyó las estrellas cuando al hablar de señales del fin y de la época:

Y le preguntaron, diciendo: Maestro, ¿cuándo será esto? ¿y qué señal habrá cuando estas cosas estén para suceder?... Entonces habrá señales en el sol, en la luna y en las estrellas...

Las estrellas representan los ministerios de la iglesia–ligados con la promesa a Abraham encontrada en Éxodo 32:13:

Acuérdate de Abraham, de Isaac y de Israel tus siervos, a los cuales has jurado por Ti mismo, y les has dicho: Yo multiplicaré vuestra descendencia como las estrellas del cielo; y daré a vuestra descendencia toda esta tierra de que he hablado, y la tomarán por heredad para siempre".

Usted solamente puede ver estrellas por la noche. Las estrellas ayudan a los perdidos a encontrar el sus caminos en la oscuridad. El orden político y económico de nuestra nación y del mundo entero está en la oscuridad. Las estrellas no son las estrellas de la televisión o predicadores de la televisión, sino individuos que se arrollan las mangas de sus camisas en la trinchera y hacen el trabajo ministerial. Los ministros alrededor del globo están teniendo gran impacto, no importa si ellos trabajan en el ministerio a tiempo completo, o en un empleo de nueve de la mañana a cinco de la tarde. Estos hombres y mujeres iluminan los lugares oscuros, proclamando a través de su arduo trabajo y piadosas actitudes: "No estoy aquí para recibir un cheque de pago, estoy aquí para alterar el curso de esta nación y de este mundo.

> *Y su cola arrastraba la tercera parte de las estrellas del cielo, y las arrojó sobre la tierra. Y el dragón se puso frente a la mujer que estaba para dar a luz, a fin de devorar a su hijo tan pronto como naciese. Y ella dio a luz un hijo varón, que regirá con vara de hierro a todas las naciones; y su hijo fue arrebatado para Dios y para su trono.* (Apocalipsis 12:4–5)

Dolores de Parto

Dios está dando a luz un hijo colectivo. Pablo dijo: "*Hijitos míos, por quienes vuelvo a sufrir dolores de parto, hasta que Cristo sea formado en vosotros*" (Gálatas 4:19). Algunos creyentes no se enfadan tan fácilmente como alguna vez lo hicieron. Otros yo no pierden tiempo chismeando. Ellos dicen: "Tengo una asignación del reino de Dios y no tengo tiempo para chismear. Voy a caminar en el llamado y propósito que Dios ha ordenado para mi vida".

Como cuerpo incorporado, estamos diciendo: "Tenemos una asignación mundial y naciones que sojuzgar. Tenemos que poner las cosas en orden". Durante los últimos años hemos estado en dolores de parto. Dios está formando a Cristo dentro de nosotros, no para que nazcamos como un puñado de individuos. Él quiere que el cuerpo de Cristo sea uno.

El 11 de Diciembre de 2004, más de veinticinco mil creyentes unidos en corazón y propósito que marcharon por las calles de Atlanta eran individuos que se pusieron de acuerdo como un gran cuerpo incorporado. La marcha sacudió principados–lo cual creó una lluvia de persecuciones y mentiras contra nosotros.

Existe una antigua expresión: "Si usted le pega a un perro, éste ladrará". Lo que está fuera de orden con Dios hará mucho ruido. Cualquiera que esté en oscuridad debe ser traído a la maravillosa luz del Evangelio de la verdad. El mundo está sufriendo en tinieblas y dolor. Está lleno de devastación y pecado. La Biblia dice que la tierra está con dolores de parto mientras espera que la iglesia llegue a la madurez.

> *Pues tengo por cierto que las aflicciones del tiempo presente no son comparables con la gloria venidera que en nosotros ha de manifestarse. Porque el anhelo ardiente de la creación es el aguardar la manifestación de los hijos de Dios.*
> (Romanos 8:18–19)

La creación está gimiendo–incluso lo profundo del océano está sacudiéndose, moviéndose, cambiando, esperando que los hijos e hijas de Dios se manifiesten. Tornados, huracanes y disturbios en la naturaleza han estado ocurriendo en todos los rincones del globo.

Ha pasado mucho tiempo desde que la tierra escuchó la voz de Dios que está causando un gemido mientras la tierra misma se alinea.

> *Toda la tierra espera la manifestación de los verdaderos hijos de Dios.*

> *Porque la creación fue sujetada a vanidad, no por su propia voluntad, sino por causa del que la sujetó en esperanza; porque también la creación misma será libertada de la esclavitud de corrupción, a la libertad gloriosa de los hijos de Dios.*
> (Romanos 8:20–21)

Toda la tierra está esperando y gimiendo para que los verdaderos hijos de Dios salgan. Estamos colocándonos–

buscando nuestro lugar, moviéndose hacia el alineamiento y alistándonos para salir. Al igual que Lázaro salió de la tumba, la iglesia del Dios viviente se levantará y tomará su lugar en el propósito de Dios. La tierra lo sabe todo acerca de ella y está ansiosa, anhelando que esto suceda.

Cuando el pueblo de Dios se une, Él está entre ellos capacitándoles. Véase Salmos 82:

> *Dios [Elojím] está en la reunión de los dioses; en medio de los dioses juzga. ¿Hasta cuándo juzgaréis injustamente, y aceptaréis las personas de los impíos? Defended al débil y al huérfano; haced justicia al afligido y al menesteroso. Librad al afligido y al necesitado; libradlo de mano de los impíos. No saben, no entienden, andan en tinieblas; tiemblan todos los cimientos de la tierra. Yo dije: Vosotros sois dioses, y todos vosotros hijos del Altísimo. Pero como hombres moriréis, y como cualquiera de los príncipes caeréis. Levántate, oh Dios, juzga la tierra; porque tú heredarás todas las naciones.* (Salmos 82:1–8)

El texto hebreo original dice: *Elojím* está en medio de la congregación de *ellos.* Cuando nos unimos para adorar, Dios no solamente está *con* nosotros, sino que Él está *en* nosotros. Nosotros reflejamos Su naturaleza y presencia. Él está en la congregación de los *dioses,* con "d" minúscula. Ustedes son Sus representantes aquí en la tierra y por consiguiente, Él pregunta: "¿Hasta cuando van a juzgar injustamente?" (Salmos 82:2).

Dios nos está diciendo: "Estoy tratando de hacer que usted camine tan santamente que no tenga que salir a dar tratados o llevar camisetas para dejar saber que es cristiano. Su vida de santidad hablará tan claramente que cada quien lo sabrá. La gente mirará a Dios en usted.

El versículo 5 dice: *"No saben, no entienden, andan en tinieblas; tiemblan todos los cimientos de la tierra"*. En los tiempos antiguos los barcos no tenían instrumentos modernos de navegación como los que existen hoy en día. Ellos dependían completamente de las estrellas para guiarse a través de la oscuridad a puertos seguros. Si las nubes cubrían las estrellas y los marineros no podían verlas, ellos tenían que tirar las anclas y esperar hasta que el cielo aclarara. Si no, ellos podían terminar navegando al garete.

La implicación aquí es que usted es una estrella y su vida está supuesta a ser luz en las tinieblas del mundo. Si usted no cumple con la promesa, si su luz llega a ser débil y se apaga, entonces los pueblos del mundo llegarán a estar inestables. Ellos estarán al garete.

Eso es lo que dice el texto: *"Se estremecen todos los cimientos de la tierra"*. A nosotros, como la iglesia de Jesucristo, se nos ordenó alumbrar en la oscuridad, iluminar el camino a través de las embravecidas aguas y la oscuridad de las noches. Si no lo hacemos así,

> *Como la iglesia, debemos alumbrar en la oscuridad y mostrar el camino.*

somos responsables por la inestabilidad que siga.

Muy pocos de nosotros entendemos que somos el pequeño *"el"*. Nos conformamos con oír los sermones predicados domingo tras domingo de cuán felices debemos sentirnos por haber sido salvos. *"¿No está usted contento porque no va a ir al infierno?"* Sin embargo, su familia no está salva y usted no siente la responsabilidad de hacer brillar la luz de la verdad para ellos.

Los mares y las olas están chocando, hay inseguridad en todas partes, los corazones de los hombres desfallecen de temor, tal como la Biblia lo predijo (Véase Lucas 21:26). La Biblia predice el terror de nuestro tiempo, y, después del 9/11 todo lo que oímos es acerca del *terror*. Las alertas de terror controlan nuestras vidas; y tan sólo caminar por el aeropuerto y abordar un avión se siente como un asalto contra nosotros mismos. Vivimos con temor de las personas que voluntariamente se estallen con explosivos y nos maten a nosotros también. En cada juego de fútbol o reunión política que se lleva a cabo se debe hacer revisión en busca de bombas, arma de fuego y puñales. El corazón de los hombres desfallece de temor, sospechosos hasta el punto de que estamos convirtiéndonos en una nación bajo *vigilancia*.

En esta estresante hora, es importante que nos mantengamos firmes en nuestras libertades. Los poderes de los cielos serán sacudidos. Están siendo sacudidos ahora mismo, pero los justos no serán sacudidos, dice la Palabra de Dios. *"Por lo cual no resbalará jamás; en memoria eterna será el justo"* (Salmos 112:6).

Dios está hablando en esta hora. Quizás usted alguna vez caminó, jugó y vivió una vida mundana y sintió que Dios le guiñó un ojo y que no notó su pecado. Puede que usted haya sentido que estaba saliéndose con la suya por su pecado pasado, pero hoy usted no se escapará. ¡Dios está hablando! En el libro de Hebreos se nos advierte:

> *Mirad que no desechéis al que habla. Porque si no escaparon aquellos que desecharon al que los amonestaba en la tierra, mucho menos nosotros, si desecháremos al que amonesta desde los cielos. La voz del cual conmovió entonces la tierra, pero ahora ha prometido, diciendo: Aún una vez, y conmoveré no solamente la tierra, sino también el cielo.*
>
> (Hebreos 12:25–26)

Dios está diciendo que una vez más la tierra será sacudida, como lo fue en los días de Noé. Pero sucederá mucho más: Los cielos también serán conmovidos. Todo lo que pueda ser conmovido será conmovido. ¿Por qué? Para remover aquellas cosas que puedan ser conmovidas, para que lo que no pueda ser conmovido permanezca.

> *Y esta frase: Aún una vez, indica la remoción de las cosas movibles, como cosas hechas, para que queden las incon-movibles. Así que, recibiendo nosotros un reino inconmo-vible, tengamos gratitud, y mediante ella sirvamos a Dios agradándole con temor y reverencia.* (Hebreos 12:27–28)

Talvez usted esté pensando que quizás esto suena como a malas noticias. Sí, lo es para los malvados. Hebreos 12:27 cambia el tono. Nosotros somos miembros de un Reino que escapará la conmoción que está por llegar a este mundo. Y cuando estemos alineados apropiadamente con nuestra cabeza, Cristo Jesús, nosotros seremos inconmovibles. Veremos al Hijo del Hombre en las nubes con poder y gran gloria, viniendo por nosotros, Su novia.

Levante su Cabeza

Antes de Su retorno, el cuerpo de Cristo se congregará en unidad de espíritu y propósito. Puede que usted recuerde el pasaje de Ezequiel 37 donde se levantaron los huesos secos y comenzaron a unirse. Eso sucederá con nosotros, la iglesia viviente de Jesucristo. Cuando aquellos huesos se juntaron, lo hicieron con gran ruido. En la actualidad hay un gran ruido proviniendo de todo el mundo mientras la tierra es conmov-ida. A su tiempo, el mundo verá Su aparición.

Cuando usted vea que la tierra comienza a sacudirse, mec-erse y tambalearse–cuando las montañas parezcan caer al mar y el corazón de las personas desfallezca bajo la tensión del terrorismo mundial–no se deprima. No permita que CNN, ABC y toda clase de voces impías del mundo lo confundan. Dios dice: *"Cuando estas cosas comiencen a suceder, erguíos y levantad vuestra cabeza"*. ¡Él viene pronto!

De manera que, levante su cabeza, mire hacia arriba y véalo a Él:

Alzad, oh puertas, vuestras cabezas, y alzaos vosotras puertas eternas, y entrará el rey de gloria. ¿Quién es este Rey de gloria? Jehová el fuerte y valiente, Jehová el poderoso en batalla. Alzad, o puertas, vuestras cabezas, y alzaos vosotras, puertas eternas, y entrará el rey de gloria. ¿Quién es este Rey de gloria? Jehová de los ejércitos, él es el Rey de gloria. (Salmos 24:7–10)

> ## ¡Levante su cabeza porque su redención está cerca!

Jesucristo es el Rey de gloria, así que, ¡levante su cabeza! El Rey de gloria está por venir. ¿Por qué debe emocionarse? ¡Porque su redención está cerca!

Redimir significa "volver a comprar". Lo que Dios está diciendo es: "Voy a adquirir todo lo que ustedes perdieron y se los voy a regresar". Estoy aquí para decirle a usted que su promesa de prosperidad y abundancia está aquí esperándole ahora mismo. A medida que su luz brille como una estrella, todas las naciones serán atraídas a la luz que usted destella (Véase Isaías 60:3).

Se acabó la espera. Ya no hay más tiempo para divisiones dentro de nuestras iglesias. La mayoría de los inconversos ni siquiera saben cómo está supuesta a ser una iglesia cuando ellos se unen a ella. Lo único que ellos saben es dónde ir cuando tienen necesidad. ¡Pero nosotros tenemos el poder para ayudarlos, porque estamos alineados con el Hijo!

Cuando se despliega por toda la comunidad y el mundo, usted todavía sigue conectado en el Espíritu con el cuerpo de Cristo. En su lugar de trabajo usted es una estrella, brillando fuertemente con su actitud, inteligencia, amor y ética laboral. Usted le muestra al mundo como se debe vivir. Y cuando ellos digan: "¿Qué de todas aquellas personas que mueren en tsunamis, huracanes y otros desastres naturales?". Usted debe responder, "¡mire hacia arriba, porque su redención está cerca!"

Hay algunos en la familia eclesial que han pagado un alto precio por caminar con Dios. Estoy aquí para decirle a usted que todo lo que Él prometió va a ser cumplido. Otros han tenido que luchar para salir del pecado y de las tinieblas. No ha sido fácil para ellos, pero ellos han hecho un esfuerzo por cruzar las montañas y lo han logrado.

Dios está hablando la verdad que revolucionará a la iglesia de Jesucristo. Nosotros estamos listos para establecer un modelo para las naciones. Estamos listos para comenzar a halar, cambiar y mover las cosas hacia el más grande alineamiento con los planes y propósitos de Dios. Cuando ocurran cosas, no se agarre la cabeza con vergüenza. Dios dice: *"Cuando estas cosas comiencen a suceder, erguíos y levantad vuestra cabeza"*.

Al igual que cambiaron las plataformas subterráneas que forman el fundamento de la tierra, provocando un gran tsunami, así nosotros vamos a experimentar un cambio en el reino espiritual. Por medio de Su pueblo, Dios se va a mostrar a Sí mismo como nunca antes. Prepárese para brillar con la luz de la verdad y el poder de Dios de una manera que usted nunca soñó que fuera posible. Él también va a colocar en sus manos abundancia de bendiciones y dones espirituales. El único requisito es que caminemos unidos: Un Señor, una fe, un bautismo.

Algo maravilloso está ocurriendo ahora mismo en el reino espiritual, así que, levante su cabeza y deje que su luz brille. Dios dice: "Esta será tu mejor hora".

Capítulo 3

Un mandato para la nación

Recientemente, invitamos algunos adolescentes estudiantes de las escuelas de las áreas aledañas para que asistieran a un servicio especial juvenil al que llamamos *Asuntos de enamorados*. Logramos que los directores se involucraran por medio de concederles un gran premio en efectivo a la escuela con mayor asistencia. Pero cuando más de ocho mil adolescentes estruendosamente cruzaron por las puertas de la iglesia, llenaron nuestro santuario y sobrepasaron los espacios, todo lo que pudimos hacer fue bendecir a Dios.

Algunos los consideraron como una señal de que a Dios le había complacido nuestra determinación de retomar lo que el diablo se ha robado. El Señor estaba ungiendo nuestros esfuerzos para así afirmar nuestra determinación y consagrar nuestros votos. Como iglesia, nos rehusamos a limitar nuestro impacto sobre las escuelas superiores sólo porque alguien nos vociferó "¡separación de la iglesia y el estado!". Se nos ha dicho que la iglesia no tiene espacio en el sistema escolar; sin embargo, nos rehusamos a aceptar eso. Estamos recuperando a nuestros hijos, porque estos jóvenes son el regalo de Dios para *nosotros*–no para el diablo, no para el mundo ni para el estado.

Estamos impactando al grabar el Evangelio en las vidas de los niños. Como usted puede observar, nuestra intención es recobrar a nuestros jóvenes–hasta el último de ellos. El diablo y el mundo no pueden quedarse con ellos. Nuestros padres están levantándose y retomando sus lugares apropiados en la comunidad y en las vidas de estos chicos. Ellos se rehúsan a retrasarse y no serán obstaculizados. Ellos han empezado a ofrecer su ayuda voluntaria en las escuelas, caminando por los pasillos, conociendo a los profesores y el programa, y, dejando sentir su presencia–y autoridad.

El director de nuestra escuela superior local es miembro de nuestra iglesia. Recientemente, a nuestra escuela superior local se le dio la más alta clasificación de la nación de la *Air Force ROTC* (Cuerpo de Entrenamiento de Oficiales de Reserva de la Fuerza Aérea). Las personas tienen la tendencia a pensar que porque nuestros hijos tienen la piel negra, marrón o trigueña no pueden retener conocimiento; pero en la *Lithonia High School* (Escuela Secundaria Lithonia) creemos que eso es una mentira. Otros han tratado de decir que nuestros muchachos no saben cómo comportarse en la escuela. Estamos elevando las normas, pues nadie puede subir a una baja expectativa.

> *Los jóvenes son un regalo de Dios para nosotros—no para el diablo o el mundo.*

Los chicos en nuestras escuelas alaban a Dios de día y de noche, aun con la separación de la iglesia y el estado. ¡Algo maravilloso está ocurriendo!

El diablo ha tratado de convencernos que hemos perdido a nuestros hijos. Usted debió estar aquí la noche que ellos entraron estruendosamente por todas las puertas. Nuestros hijos no están perdidos. Miles de hijos redimidos del Señor marcharon. ¿Por qué? Porque ellos estaban haciendo una declaración. Ellos quieren hacer las cosas correctas, quieren vivir correctamente. Con nuestra ayuda y con la ayuda del Señor, ellos van a pasar al siguiente nivel en *Lithonia High School*.

Oposición al Mito de la Separación de la Iglesia y el Estado

Como ya probablemente usted habrá notado, Dios me ha comunicado fuertemente Su desagrado contra la herejía de nuestra nación por su creciente aceptación del mito "separación de la iglesia y el estado". Estoy convencido de que esta supuesta separación nunca fue la intención de nuestros fundadores–es propiamente un dispositivo creado gradualmente por una Corte Suprema totalmente equivocada, fuera del precedente histórico, la tradición e incluso la voluntad del pueblo.

Entendemos nuestro llamado de Dios para ser líderes de la nación en asuntos que conciernen al reino de Dios y que incluye confrontar con denuedo cualquier–*cualquier*– cosa que levante su cabeza contra la autoridad de Dios y Su palabra. Pablo fue extremamente franco al escribir:

Porque las armas de nuestra milicia no son carnales, sino poderosas en Dios para la destrucción de fortalezas, derribando argumentos y toda altivez que se levanta contra el conocimiento de Dios, y llevando cautivo todo pensamiento a la obediencia a Cristo. (2ª Corintios 10:4–5)

Nuestro rechazo a esta falsa doctrina de la separación no es nuevo. En 1997, durante una riña en la *Southwest DeKalb High School* (Escuela Secundaria del Suroeste de DeKalb), una

41

escuela local que es un imán para estudiantes con talento, un joven estudiante fue apuñalado a muerte. Varios líderes del sistema escolar público nos pidieron que lleváramos a cabo una reunión masiva para los entristecidos estudiantes. La reunión tuvo lugar durante las horas de clase, a pesar de las reglas de la Corte Suprema que prohíben a las escuelas públicas patrocinar servicios religiosos.

En ese tiempo, uno de nuestros miembros era un alto oficial de la ley del Condado DeKalb. Él se puso de pie ante los mil seiscientos estudiantes que habían llegado voluntariamente al servicio, y dijo: "Estamos aquí en desafiando a la Corte Suprema, invocando el nombre de Jesucristo".

CIENTOS FUERON SALVOS

Yo prediqué por veinticinco minutos. Empecé diciéndoles a los estudiantes: "Dios me dijo que viniera aquí porque Él ha escogido a la [escuela secundaria] *Southwest DeKalb* para que sean escuelas superiores de Su reino". Les dije que Dios

> *No existe la "separación de la iglesia y el estado".*
> *Dios lo creó todo.*

había ordenado que ellos fueran un grupo especial de estudiantes y que los habíamos reunido para santificar esa ordenación. Luego dije: "Quiero que comprendan que esta es la razón por la que estamos aquí. Esta es la razón por lo que la junta escolar nos permitió venir. Esta es la razón por la cual Dios ordenó este día".

Al final de los veinticinco minutos de "asamblea de motivación", centenares de estudiantes pasaron al frente para confesar su fe en Jesús y para recibir oración. Como ya usted se puede imaginar, el director legal para la oficina de Georgia de la *American Civil Liberties Union [ACLU]* (Sindicato Americano para las Libertades Civiles) no estaba contento. Aun con todo, nos rehusamos a retraernos de la verdad de la Palabra de Dios. No seremos detenidos, ya que no existe la "separación de la iglesia y el estado", porque Dios lo creó todo.

Un Mandato a Desafiar y a Cambiar

Nosotros desafiamos al estado por el control de nuestros hijos en las escuelas superiores locales e hicimos un impacto significativo en las vidas de nuestros muchachos. Como un cuerpo de creyentes, Dios nos da una orden para desafiar y cambiar el *status quo*. El Señor nos ha llamado a tomar no sólo las escuelas, sino muchas de las más poderosas instituciones en la escena de la política nacional, y, apenas hemos iniciado la lucha.

La pasión que yo he recibido del Señor (y la pasión que quiero inculcar en usted) es la pasión de marchar en la arena pública y religiosa bajo la dirección de Dios. Arriesgándolo todo para desafiar los sistemas impíos que tienen atada a nuestra gente. Ha llegado el momento de permitir que Dios nos despoje de la timidez y abiertamente tomemos una posición.

Dios está buscando personas que quieran caminar sobre las aguas, basados solamente en Su promesa. Esa clase de cristianos escasean hoy en día. Hemos permitido que el gobierno nos pegue en las muñecas y nos diga: "Ustedes no pueden orar en las escuelas. Ustedes no pueden hablar de Dios". Sin embargo, cuando hicimos el esfuerzo por hablar individualmente con oficiales del gobierno y administradores escolares acerca del problema que ellos enfrentan, encontramos que muchos de ellos saben que necesitan a Dios en las escuelas, en el terreno público, en el gobierno y en sus propias vidas personales. Ellos saben algunas veces mejor que nosotros que la nación necesita a Dios. Ellos están buscando por alguien que se levante y desafíe los equivocados "poderes que estén", los cuales han intentado hacer a un lado los decretos de Dios.

Dios no solamente ha guiado a nuestra iglesia a tomar una posición para reclamar nuestras escuelas y nuestros hijos, nosotros también nos hemos levantado contra la presión de alianzas políticas impías y públicamente hemos confrontado su error enfrentando la gran presión para transigir.

Dos Veces Confrontamos a la Nación del Islam

También fuimos compelidos por Dios para dirigir una cantidad de iglesias del mismo sentir de asumir una posición contra dos iniciativas de la "nación del islam". Esa posición nos colocó en la primera plana de muchos diarios americanos. El primer incidente ocurrió cuando el ministro Louis Farrakhan emitió un llamado a todos los afro-americanos para que asistieran a la llamada "Marcha de un Millón de Hombres" en Washington. (Ni cerca de ese número llegó, pero por alguna razón el número se quedó grabado en la mente).

En respuesta, nosotros sostuvimos una conferencia de prensa y enumeramos lo que llegó a conocerse nacionalmente como "Las nueve razones por las que todo cristiano–sin importar color o raza–debe boicotear el evento patrocinado por la nación del islam". Obviamente, esto no nos hizo tan populares con la nación del islam o con aquellos segmentos de la población cristiana afro-americana que pusieron su lealtad a la raza y a lo étnico por encima de la lealtad a la sangre de Cristo y el reino de Dios.

Una vez más emitimos las "nueve razones" cuando el ministro Farrakhan llamó a los afro-americanos a observar un "Día de Expiación Nacional" (este día es respetado por algunos segmentos del islam, como también por los judíos) por medio de boicotear el trabajo, la escuela y actividades de compras. El evento fue ampliamente anunciado como una celebración en honor del segundo aniversario de la así llamada "Marcha de un Millón de Hombres". Yo expresé a los medios de comunicación:

No podemos apoyar nada que no tengan a Cristo como su centro. Le tenemos un gran respeto al ministro Farrakhan, pero dentro del contexto de la nación del islam ustedes encontrarán que ésta se estableció como un movimiento anticristiano.

> *La Palabra de Dios es verdadera ya sea que la consideren políticamente correcta o no.*

Una vez más esto no le cayó bien a los patrocinadores del evento, incluyendo algunos prominentes clérigos cristianos (algunos de ellos de mi propia familia denominacional) que se negaron a reconocer las diferencias basadas en la Biblia entre la nación del islam y el reino de Dios. Eso no importa–la Palabra de Dios es verdadera ya sea que la consideren políticamente correcta o no.

Todo lo que estamos haciendo es buscar la visión que Dios me dio como el líder de la *New Birth Missionary Baptist Church* (Iglesia Bautista Misionera el Nuevo Nacimiento). Esta búsqueda de nuestro destino puede suceder solamente a medida que yo imparta a otros el sentir de mi corazón y la visión. La movilización y el seguimiento en estos asuntos son [y serán] llevados a cabo por mis hijos e hijas espirituales. De nuevo, esta es la clave para cada cuerpo local de Cristo que quiera cumplir con la comisión de Dios de tomar el mando en vez de que otro nos mande. Debemos criar hijos e hijas del Reino en vez de sumergirnos en programas, actividades y movimientos religiosos fuera de la voluntad de Dios.

UN MENSAJE RADICAL SE ESTÁ LEVANTANDO

Cualquier líder inspirado por Satanás para dirigir una rebelión contra Dios debe también golpear el fundamento del orden de Dios sobre la tierra. No es por accidente que la iglesia está siendo presionada para que entre en acuerdo con los poderos grupos cabilderos de homosexuales o enfrentar las consecuencias. Cada segmento de poder gubernamental, desde el Congreso hasta la rama ejecutiva de la Corte Suprema, está siendo cabildeado y presionado en busca de apoyo a la causa de los derechos homosexuales, los cuales son anti-Cristo y anti-Biblia. Hawai ha pasado leyes reconociendo la vida en común [como pareja] de los homosexuales, y, miles de corporaciones están empezando a rendirse ante la fuerte demanda de los homosexuales. Esto es parte de la agenda satánica para minar los fundamentos del matrimonio y el hogar que fueron primeramente instituidos por Dios en el libro de Génesis.

Yo escucho un mensaje radical, de una pequeña minoría, levantándose en el reino de Dios. Más y más voces están clamando: "¡Basta ya"!. Es claro para todo aquel que tenga ojos para ver y oídos para oír que estamos a punto de cruzar una frontera invisible a un estado de mayor cambio e incertidumbre. Durante las últimas décadas nuestra estructura social y gubernamental ha colocado su confianza no en Dios, sino en instituciones de hombres, tales como la Reserva Federal y las Naciones Unidas.

Muchos pastores predican acerca del Rapto como si ello fuera un camino fácil para salir de las dificultades y del creciente mundo de las tinieblas. Sin embargo, está claro que esto no es por donde Dios se está moviendo ahora mismo. Sí, Él está por venir, pero Él no viene a "raptar" o "arrebatar" a Su asustado y abrumado pueblo para luego dejar el planeta en cenizas. Él viene a tomar posesión, gobernar y reinar con una Novia, la verdadera iglesia adulta, que no tiene mancha ni arrugas. De hecho, tenemos una maravillosa oportunidad de levantarnos con la gloria de Dios ahora mismo porque Él está expulsando a todo el que se ha exaltado a sí mismo y no a Su Palabra.

> *Dios está sacando todo lo que se exalte en contra de Su Palabra.*

La Limpieza de la Casa

Cuando yo era niño mi madre acostumbraba pasar el tiempo limpiando y preparando nuestra casa para eventos especiales. Ella se esmeraba en las habitaciones, los armarios, la cocina y todo lo que nosotros de niños dejábamos en completo abandono. Nadie se le cruzaba en su camino. Algo similar está sucediendo en la iglesia de Jesucristo mientras Él hace preparativos para Su aparición.

Dios está limpiando la casa, pero muchos de la iglesia no se están preparando. Mi pasión fervorosa es ver Su rostro, pero tengo miedo de que una cantidad de las personas de la iglesia vayan a sentirse muy ofendidos por la forma en que Dios va a proceder. Se va a poner aún más difícil para muchos líderes eclesiales.

El juicio siempre empieza en la casa de Dios (Véase 1ra Pedro 4:17). Justo ahora Él está separando las ovejas de los cabríos, tal como Jesús describió la separación de las naciones en Mateo 25:32. Él está por levantar nuevos líderes que tengan oídos para oír el nuevo sonido de Su Espíritu.

Los líderes que teníamos en los años sesentas, setentas, ochentas y aún en los noventas no serán los mismos líderes que nos guíen durante los tiempos problemáticos que vamos a enfrentar. El Padre está buscando aquellos que han sido totalmente quebrantados y están muertos al ego y a las ambiciones egoístas. Él está buscando por la "fe de Josué", no la "fe de Moisés" en esta nueva raza de líderes.

Moisés fue uno de los más grandes líderes en la Biblia, pero aun Moisés tuvo que esperar a que las aguas del Mar Rojo se separaran para poder cruzar. El Señor requirió de Josué que se metiera en las corrientes de la incertidumbre mientras confiaba que Dios detendría el río Jordán (Véase Josué 3:11–17).

Un Grito de Guerra

La iglesia americana es mejor conocida por sus líderes ambiciosos que quieren hacerse un nombre para ellos mismos. Muchos de nosotros dedicamos toda nuestra energía para edificar nuestros propios reinos y monumentos religiosos, con frecuencia a expensas de otros en el cuerpo de Cristo. En el verdadero modelo americano, muchos de nuestros líderes de la iglesia y tele-evangelistas con frecuencia sobresalen en auto-promoción, publicidad, pompa y circunstancias, pero fallan miserablemente en los asuntos de importancia como son la obediencia a Dios, el sacrificio, la humildad, el servicio a los demás y el sometimiento la autoridad ordenada por Dios. Más eso está por cambiar.

Y dijeron: "Vamos, edifiquemos una ciudad y una torre,
cuya cúspide llegue al cielo; y hagámonos un nombre,
por si fuéremos esparcidos sobre la faz de toda la tierra. Y
descendió Jehová para ver la ciudad y la torre que edificaban
los hijos de los hombres. (Génesis 11:4–5)

Es tiempo para la prueba decisiva; es el momento para que Dios haga Su declaración. Permítame pintar un cuadro recordándole de la vez cuando Dios envió fuego del cielo para consumir el sacrificio de Elías en el Monte Carmelo frente a cuatrocientos sacerdotes de Baal mientras todo Israel observaba. Nosotros debemos dejar nuestro espectáculo religioso y dejar de pensar que este evento histórico de 1ra Reyes 18 es un simple relato bíblico. Es un cuadro profético escalofriante de dónde se encuentran la iglesia y la nación en este preciso momento.

Israel era la "iglesia establecida" en los días de Elías. Era una nación de personas que habían sido apartadas para Dios desde muchas generaciones antes. Ellos todavía tenían todas las tradiciones de sus padres en su memoria, junto con todas las historias de la provisión de Dios registradas en la Ley. Pero el pueblo de Dios iba en pos de otros dioses y otras cosas. Sin embargo, llegó el día que cuando fueron llamados a tomar una decisión, y, Dios hizo una clara división entre los que eran Suyos y los que no eran. (Es interesante notar que Dios no está contra de los líderes altamente visibles y dinámicos– Él solamente insiste en que ellos deben ser elevados por Su mano y no por la mano del hombre, y, que esos líderes dirigen dinámicamente a Su pueblo hacia Sus propósitos y no hacia los propósitos propios).

El fuego está llegando otra vez, primero para el pueblo que se ha apartado para Dios, ya que el juicio comienza en la casa de Dios (Véase 1ra Pedro 4:17). Luego vendrá para la nación. Desafiantemente, nuestra sociedad se ha alejado de sus raíces piadosas y se ha ocupado en edificar monumentos y trazando leyes para honrar el ingenio del hombre sobre Dios. Mientras el pecado crece y crece, nosotros como nación nos hundimos más y más profundamente en una bancarrota moral y financiera que nosotros mismos hemos creado. Mientras tanto, Dios está por dividir la iglesia y la nación, para hacer una clara separación entre lo que es Suyo y lo que no es. La mayoría de los cristianos no tienen ni idea de lo que está por venir.

Hay una guerra que se está librando y nosotros debemos desviar el enfoque de nosotros mismos y colocarlo nuevamente en Dios, donde debe estar. Usted y yo necesitamos darnos cuenta que Él nos ha colocado en la primera línea del combate, ya sea que nos guste o no.

Parte de este problema es que tenemos la tendencia de quedarnos en un solo carril de la Palabra de Dios–el carril de "bendíceme". Olvidamos lo que Pablo dijo acerca del propósito completo de la Palabra de Dios: *"Toda la Escritura es inspirada por Dios, y útil para **enseñar**, para **redargüir**, para **corregir**, para **instruir** en justicia"* (2da Timoteo 3:16, el énfasis fue añadido). Ahora, yo no recuerdo haber visto las multitudes alineadas en la puerta una hora antes para escuchar a un predicador hablar de reproches o corrección. Creo saber por qué.

LLAMADOS PARA SU PROPÓSITO

La mayoría de nosotros mantenemos nuestro enfoque fijo en nuestras situaciones personales, en las sesiones de la iglesia y en los estudios bíblicos. Pero si no entendemos el gran propósito colectivo de Dios, entonces nuestra confusión puede llegar a ser penosa. ¿Por qué? Porque no seremos capaces de ver cómo nuestras vidas encajan en el cuadro más grande de lo que Dios está orquestando. La Biblia nos da una idea acerca de cómo encajamos en el más grande panorama de la atención de Dios:

> *Y sabemos que a los que aman a Dios, todas las cosas les ayudan a bien, esto es, a los que conforme a Su propósito son llamados.* (Romanos 8:28)

Con mucha frecuencia llegamos a estar obsesionados con edificar nuestros propios reinos y hacernos un nombre para nosotros mismos, cuando Dios nos llama a poner en alto Su nombre y edificar Su reino. Nuestros motivos equivocados y agendas personales egoístas sabotean nuestros mejores esfuerzos.

> ## Dios nos llama a poner en alto Su nombre y a edificar Su reino.

> *Entonces acercándose Sus discípulos, le dijeron: ¿Sabes que los fariseos se ofendieron cuando oyeron esta palabra? Pero respondiendo él, dijo: Toda planta que no plantó mi Padre celestial, será desarraigada. Dejadlos; son ciegos guías de ciegos; y si el ciego guiare al ciego, ambos caerán en el hoyo.* (Mateo 15:12–14)

El capítulo once del libro de Génesis describe un pueblo que quería hacerse un nombre para sí mismo. Ellos decidieron hacerlo así edificando una torre que se elevara hasta el cielo (nosotros la llamamos *La Torre de Babel*). Todos ellos hablaban un sólo idioma en los días que siguieron inmediatamente después del gran diluvio, y, se pusieron de acuerdo para construir una torre. Lo que realmente aquella gente estaba tratando de hacer era demostrarle a Dios que ni lo necesitaban a Él ni querían escucharlo. Ellos podían alcanzar los cielos por su propia cuenta, sin Su ayuda o permiso.

En este pasaje, la palabra hebrea *miggdalá* es traducida como "torre", pero su significado más completo revela los motives verdaderos del pueblo. De acuerdo con la *Concordancia Exhaustiva Strong*, *miggdalá* puede significar una casa, un púlpito, un refugio; se deriva de la raíz de una palabra que significa "agrandar (como en cuerpo, mente, estado u honor, también en orgullo), para avanzar, jactarse, levantar, superar, sobresalir, incrementar, elevar, magnificar, pasar, promover". Esta palabra se deriva de definiciones y el significado de raíces para *torre*.

La "Actitud" del Príncipe

La visión para esta torre requirió de un líder, y, Nimrod entró en escena.

Y Cus engendró a Nimrod, quien llegó a ser el primer poderoso en la tierra. Este fue vigoroso cazador delante de Jehová.
(Génesis 10:8–9)

Nimrod, el hijo de Cus, no sólo dirigió al pueblo en la construcción del proyecto, sino que él también les guió en el desarrollo de malas actitudes: "No permitiremos que algo como un diluvio venga y nos devaste de nuevo. Ahora, si acordamos edificar una torre y nos reunimos alrededor de ella mientras ascendemos a los cielos…" Ellos no solamente tomaron la mentalidad que Adán y Eva tenían (desear conocer lo bueno y lo malo), ellos fueron movidos exactamente por el mismo pecado (desear ser como Dios, pero sin Su ayuda o permiso). Ellos no solamente estaban tratando de ser como Dios– ¡ellos querían ser Dios!

Nosotros también estamos tratando de construir una Torre de Babel en nuestros días. Estamos tratando de ser como Dios–o ser mejor que Él. Si usted no la ha notado, Estados Unidos está haciendo convenios con todo tipo de nociones impías. Estamos tratando de emplear la ciencia y la tecnología que Dios nos dio para hacer cosas que solamente Él puede hacer, incluyendo el acto de crear vida (aunque sólo hemos sido capaces de clonar algo de lo que ya existe). Queremos extender la vida por medio de medicina para compensar nuestra falta de voluntad para vivir y comer con sabiduría. No queremos vivir vidas disciplinadas que incluyan ejercicio regular y dietas saludables, y, rehusamos cuidar del templo del Espíritu Santo. Queremos aferrarnos a nuestro hábito de fumar, apostamos a que si nos da cáncer del pulmón, podemos hacernos un trasplante.

En la actualidad estamos tratando desesperadamente de alargar nuestras vidas, y usted puede preguntarse: "¿Qué hay de malo en eso?" Superficialmente no hay nada malo en eso. Pero la teología real y la motivación personal detrás de la medicina es que estamos tratando de eliminar a Dios y Sus leyes. Hace siglos Él nos dio el "plan de larga vida" y consistía en una vida piadosa, hábitos de comida sana, moderación en todas las cosas, respeto por los padres y los que están en autoridad, y, la determinación de amar al Señor nuestro Dios con todo nuestro ser.

Abusamos de los poderes creativos que Dios nos dio. En vez de seguir los caminos de Dios, hacemos trampa. Tenemos píldoras que adelgazan rápido, por lo que no tenemos que hacer ejercicios. Hemos inventado sustitutos de azúcar y grasa, por lo que podemos comer alimentos no saludables sin subir de peso. No guardamos el *sábat*, no amamos a nuestro prójimo como a nosotros mismos y ciertamente no cuidamos del templo del Espíritu Santo. Estamos tratando de usurpar el sistema y los procesos de Dios.

UNA NACIÓN REBELDE

Una honesta encuesta a nuestra sociedad revela que estamos tratando de ser Dios. Estamos tratando de vivir de acuerdo a nuestra propia propaganda acerca del hombre siendo la "esencia de todas las cosas". La idea no es nada nueva- los griegos tenían la misma filosofía. Estamos tratando de gobernar nuestro propio destino, aun los cristianos nacidos de nuevo han adoptado el punto de vista secular de que la iglesia está supuesta a unirse de manos con cualquier grupo extraño que dice tener las más mínimas buenas intenciones. Tremenda presión se ha ejercido sobre nosotros para vincularnos con cada una desde la NAACP (*National Association for the Advancement of Colored People*) [Asociación Nacional para el Avance de las Personas de Color, ANAPC] hasta los "Cien Hombres Negros" y los "Cien Hombres Blancos"; desde recaudadores de fondos para fraternidades griegas universitarias y fraternidades para básicamente cada organización cívica en nuestras comunidades, incluyendo el Club Kiwanis, el Club Key, el Club Rotario y así sucesivamente.

Sin duda, muchas de estas organizaciones hacen labores loables y de gran valor en nuestras comunidades. Estoy agradecido porque existen; pero honestamente, la única razón por la que ellas existan es porque la iglesia ha fallado en cumplir su destino en la tierra. Muchas veces pensamos que debemos unirnos y trabajar mano a mano para hacer de nuestras comunidades un mejor lugar; sin embargo, tengo que decirle a usted que de acuerdo con la Palabra de Dios, esa creencia popular ¡no es cierta! Permítame explicarle por qué no lo es:

Cuando decimos que la iglesia debe trabajar mano a mano con estas organizaciones para hacer el bien, automáticamente hacemos a Dios y Su reino eterno igual a todas estas organizaciones seculares formadas por los hombres. Debemos entender que de acuerdo con las Escrituras, somos la cabeza como embajadores redimidos de Cristo. Como cuerpo de Cristo incorporado en la tierra, somos literalmente la única "cosa viviente" sobre la tierra destinada y equipada para enderezar cada problema y cada preocupación de la humanidad. Pero debemos hacerlo a la manera de Dios.

La manera de Dios está centrada en la absoluta obediencia y confianza en Cristo, la Cruz y el poder del Espíritu Santo para cambiar vidas. En sus reuniones y actividades, ¿cuántas maravillosas organizaciones cívicas puede usted nombrar que le darían la bienvenida a esas creencias y fuerzas que cambian el mundo? Cuando entendemos eso, se hace obvio que no podemos trabajar dentro de los sistemas del mundo. Dios ha ordenado un mandato

> *Dios ha ordenado un mandato divino para la vida, los gobiernos y la iglesia.*

divino para la vida, los gobiernos y la iglesia–y este mandato es invisible al ojo natural. Solamente aquellos que son salvos y bautizados en este reino invisible pueden ver el orden y la estructura de Dios.

La iglesia se ha confundido tanto y ha ido en diferentes direcciones por el capricho de los hombres al grado que gradualmente hemos adoptado los puntos de vista seculares acerca de Dios y lo hemos depreciado a Él hasta "dejarlo sin valor". En otras palabras, Él y Su cuerpo ahora son vistos por cristianos y no cristianos igual que cualquier otra organización.

Eso debería explicar el por qué es muy difícil para nosotros hacer sacrificio de tiempo, dinero o compromiso personal con Dios–ya estamos dándole más de nuestro tiempo y recursos a otras "organizaciones beneméritas" fuera de la iglesia. Lo justificamos diciendo: "Oh, ellas están mejorando nuestra sociedad". En realidad, la sociedad ha empeorado porque hemos usurpado el proceso de Dios. Lo máximo que cualquier organización creada por el hombre puede hacer, fuera de Cristo, es aplicar un bonito vendaje a un carcinoma terminal.

Yo aprecio muchas de estas organizaciones de servicio cívico y los individuos que dan su tiempo y recursos voluntariamente para ayudar a otros. Ellos representan lo mejor que el hombre tiene para ofrecer fuera de Dios y Su orden. Pero me compele la Palabra de Dios a decir que estos individuos necesitan venir a la casa de Dios y entregar todos sus títulos y agendas para tomar el nombre de "hijos de Dios". Luego, si nosotros nos unimos bajo la bandera de Cristo, todas las naciones de esta tierra serían bendecidas porque tomamos nuestras tareas de servicio tanto con el poder de Dios como con la fuerza sometida y unificada del hombre, ese poder del pacto demostrado en la Torre de Babel. Ese es la intención de Dios. Ese es el proceso de Dios.

> *Si nosotros nos unimos bajo la bandera de Cristo, todas las naciones de esta tierra serían bendecidas.*

Si usted se molesta o se agita por ese proceso, que así sea. Quizás eso demuestre cuán cerca usted está del mundo. La única manera de legítima y permanentemente cambiar las enfermedades y las aflicciones del mundo es cambiando los corazones de las personas y transformando sus pensamientos por medio de la renovación del poder de la Palabra de Dios.

La Villa Global

La comunidad del hombre–la "villa global de la carne"–está llegando a un convenio. Esencialmente estamos concentrándonos en nuestro deseo común de edificar una torre de poder fuera del reino de Dios y Su proceso. Si ponemos en un edificio a representantes de cada conocido grupo, cívico, político y activistas, todos ellos se pondrían a pelear y argüir uno contra el otro hasta que un cristiano se atreviera a levantarse y decir: "¡Cristo es la respuesta!" En un segundo veríamos a cada una de esas personas, que hasta hacía un momento estaban agarrándose de las gargantas, repentinamente unirse a una voz para obstruir y rebajar a su "enemigo común". La iglesia encuentra la unidad por medio de su fe en Jesucristo. El mundo encuentra la unidad por medio de su odio y miedo a Jesús.

Si examinamos la manera en que hemos edificado y elevado las torres de nuestros centros de cultura y gobierno, veremos que nuestra sociedad ha establecido un patrón claro de usurpación de la autoridad de Dios en cada esfera de la vida. El libro de Génesis nos cuenta la historia de la Torre de Babel y muestra lo que sucede cuando los hombres tratan ellos mismos de ser dioses. Eso también explica por qué hoy nosotros tenemos tantas naciones e idiomas diferentes.

Y dijo Jehová: He aquí el pueblo es uno, y todos estos tienen un solo lenguaje; y han comenzado la obra, y nada les hará desistir ahora de lo que han pensado hacer. Ahora, pues, descendamos, y confundamos allí su lengua, para que ninguno entienda el habla de su compañero. Así los esparció Jehová desde allí sobre la faz de toda la tierra, y dejaron de edificar la ciudad. Por esto fue llamado el nombre de ella Babel, porque allí confundió Jehová el lenguaje de toda la tierra, y desde allí los esparció sobre la faz de toda la tierra.

(Génesis 11:6-9)

¿Por qué descendió Dios a la Torre de Babel para confundir el lenguaje de los descendientes de Noé y esparcirlos por toda la tierra? Por causa de la desobediencia humana. Dios ya había juzgado a la raza humana con el juicio del diluvio en los días de Noé; no obstante, varias generaciones más tarde Él tuvo que dividir la continua rebelión de la raza humana en muchos grupos de naciones y lenguas. Él pronto abandonaría Su trato con las muchas naciones y separaría a un descendiente de Sem, hijo de Noé, para levantar una nación que salvara al resto:

> ## Dios ha dicho: "Lo haré". Nosotros sólo tenemos que ser obedientes a Él.

Pero Jehová había dicho a Abram: Vete de tu tierra y de tu parentela, y de la casa de tu padre, a la tierra que te mostraré. Y haré de ti una nación grande, y te bendeciré, y engrandeceré tu nombre, y serás de bendición. Bendeciré a los que te bendijeren, y a los que maldijeren maldeciré; y serán benditas en ti todas las familias de la tierra.

(Génesis 12:1-3)

Nosotros hemos olvidado que Dios dijo: *"Haré..."*. Observe de nuevo y más detenidamente este pasaje y recuerde que ésta es una promesa eterna. Dios no le dijo a Abram que lo iba a unir con todas las organizaciones cívicas del mundo para así bendecir a todas las naciones. Lo que en esencia Dios dijo fue: "Voy a hacer muchas cosas por medio de ti, Mi pueblo, la nación de Israel, a la que he escogido. En ti serán benditas todas las naciones que he esparcido. Ese es Mi plan. Ese es Mi proceso. Ahora tú no tienes que hacer otra cosa más que ser obediente a Mí, porque yo haré todo lo demás". Yo lo "haré".

Dios ha hecho todo lo que necesitaba ser hecho en esta tierra y ente país. Todo lo que Él nos ha llamado a hacer es ser obedientes. Nosotros pensamos que Dios necesita ayuda porque no estamos siendo obedientes, y, como consecuencia, no estamos viendo Su provisión. Corremos a unirnos con todos afuera de la casa de Dios para arreglar las cosas cuando Dios nunca nos dijo: "Reúnanse con todos los demás".

No estoy diciendo que estas organizaciones y las personas que participan en ellas son demonios o malvados. El problema es que cuando nos reunimos con todos los que están fuera del orden y absoluto gobierno de Dios, comenzamos a transigir. De hecho, no solamente transigimos, sino que también diluimos lo que Dios ha dicho. Es inevitable. La única manera en que un reino basado en la absoluta verdad y que el absoluto señorío de Dios puedan llegar a un acuerdo con cualquiera es que diluyamos las cosas.

Sígame mientras revisamos la progresión del error del hombre y la soberanía de Dios.

ESPÍRITU DE TRANSIGENCIA

Hoy en día todo el mundo tiene una opinión. Escuche las noticias de la tarde en la televisión y la radio. Vea los programas de discusión durante el día (si usted se atreve). La razón por la que hoy tenemos tantos programas de discusión ultrajantes es porque todo el mundo tiene una opinión, pero nadie tiene una norma. El contraste claro entre el orden de Dios y el orden del mundo está revelado en Génesis 10 (Noé) y 11 (la Torre de Babel). Asimismo este contraste llega a ser más claro en nuestros días.

Estamos viviendo en un mortífero período de engaño y la iglesia ha creado un ambiente de ingenuidad ante el engaño al fallar en enseñar la Palabra de Dios sin transigencia. Los cristianos somos más rápidos a reunirnos alrededor de los problemas de la sociedad que a esperar respuesta de Cristo. En la actualidad, nosotros gravitamos hacia aquellos que dicen tener respuestas porque podemos tocarlos, podemos ver sus rostros y podemos admirar sus habilidades humanas. Mientras tanto Dios permanece invisible y distante de nosotros porque no lo conocemos a Él.

Varios miembros y facciones dentro de la iglesia han argumentado entre sí, y muchos líderes cristianos han tenido problemas conmigo porque yo me opongo a unirme mis brazos con organizaciones de afuera para las causas populares pronegros como los llamados "Marcha del Millón de Hombres y el "Día de Expiación", actividades que son patrocinadas por el Rev. Louis Farrakhan y la nación del islam. Mis críticos claman: "Estamos cansados de las matanzas. Estamos cansados de las drogas y la corrupción". Yo también estoy cansado de todo eso; pero no estoy cansado de Jesús. Él nunca nos ha fallado; nosotros le hemos fallado a Él. Él es la respuesta a todos nuestros problemas, pero las soluciones vendrán solamente cuando hagamos las cosas a Su manera.

Líderes como Louis Farrakhan pueden levantarse con un mensaje de esperanza mezclado con una dosis liberal de odio racial, divisiones y devoción al islam e incluso ellos pueden ganar apoyo sustancial de los cristianos. ¿Por qué? Porque los cristianos han fallado en obedecer el llamado de Dios a seguir el ejemplo de Cristo del auto-sacrificio. Muchos de nosotros no queremos tomar los penosos pasos necesarios para dejar nuestra confortable casa suburbana para hacer lo que Dios nos ha ordenado para satisfacer de manera sobrenatural las necesidades en las calles del centro de las ciudades. Preferimos la quietud de nuestro vecindario y las sesiones emocionantes de nuestra iglesia a diez millas de nuestro verdadero lugar de servicio divino. ¡Tenemos problemas para cruzar la línea divisoria de nuestra propiedad para compartir el mensaje de Jesús con el vecino a quien vemos todos los días!

> *Dios nos da nuestros trabajos y vocaciones para que podamos ser testigos.*

Engaño Mortal

Hemos transigido con nuestros empleos y con nuestras prioridades personales. Cuidadosamente evitamos cualquier mención del Cristo que nos ha redimido y nos ha transformado porque tenemos miedo que nos despidan. ¿Por qué? Porque pensamos que el hombre natural nos contrató, olvidando totalmente que la Palabra de Dios dice que es Dios quien nos da el poder de ser ricos (Véase Deuteronomio 8:18). Dios nos da nuestros trabajos y vocaciones para que podamos ser testigos, no para que Él supla nuestras necesidades. De acuerdo con Mateo 6, Él ya se hizo cargo de nuestras necesidades:

> *Ninguno puede servir a dos señores; porque o aborrecerá al uno y amará al otro, o estimará más al uno y menospreciará al otro. No podéis servir a Dios y a las riquezas. Por tanto os digo: No os afanéis por vuestra vida, qué habéis de comer o qué habéis de beber; ni por vuestro cuerpo, qué habéis de vestir. ¿No es la vida más que el alimento, y el cuerpo más que el vestido? Mirad las aves del cielo, que no siembra, ni siegan, ni recogen en graneros; y vuestro Padre celestial las alimenta. ¿No valéis vosotros mucho más que ellas? ¿Y*

quien de vosotros podrá, por mucho que se afana, añadir a
su estatura un codo? Y por el vestido, ¿por qué os afanáis?
Considerad los lirios del campo, como crecen: no trabajan ni
hilan; pero os digo, que ni aun Salomón con toda su gloria
se vistió así como uno de ellos. Y si la hierba del campo
que hoy es, y mañana se echa en el horno, Dios la viste así,
¿no hará mucho más a vosotros, hombres de poca fe? No os
afanéis, pues, diciendo: ¿Qué comeremos, o qué beberemos,
o qué vestiremos? Porque los gentiles buscan todas estas
cosas; pero vuestro Padre celestial sabe que tenéis necesidad
de todas estas cosas. Más buscad primeramente el reino de
Dios y Su justicia, y todas estas cosas os serán añadidas.

(Mateo 6:24–33)

Vivimos nuestras vidas con mucha pena y angustia como los inconversos alrededor nuestro porque hemos olvidado nuestra Fuente. Somos presa fácil del engaño de cualquiera que se atreva ponerse frente los medios de comunicación diciendo tener alguna clase de autoridad o poder para hacer más fáciles nuestras vidas. El problema es que sabemos más acerca de nuestros problemas que acerca de la Palabra de Dios. Como resultado, caemos rendidos a la tentación de seguir al último flautista de Satanás hasta caer en el olvido.

Quiero que entendamos lo que Dios está diciendo hoy. Nimrod presagiaba al último gran gobernante mundial que se levantará justo antes de que Dios descienda a la tierra para introducir un reino milenial. Nimrod apareció en la escena justo antes de que Dios llamara a Abram a que saliera de entre los gentiles para llevarlo a la Tierra Prometida. Ya una vez un juicio de diluvio había destruido el mundo, pero Noé fue salvado y sus descendientes se multiplicaron. Luego la humanidad se volvió contra Dios bajo el liderazgo de alguien capacitado por Satanás justo antes de que Dios llevara a cabo Su promesa. Nimrod, el falso mesías, inspiró tal movimiento de unidad impío que el Dios mismo bajó para tratar con él.

De nuevo estamos en ese punto.

Algo o alguien está por levantarse en la tierra, y, nosotros no vamos a ser capaces de manejar la situación por nosotros mismos. Sin embargo, Dios una vez más bajará para manejarlo Él mismo justo antes de que Él complete Su promesa. Y Cuando Él venga, vendrá con fuego.

Un Líder Mundial Está por Llegar

En medio de un movimiento piadoso para llamar a los hombres a que regresen al papel ordenado por Dios como hombres verdaderos, protectores y líderes del hogar, hay en el mundo dos movimientos falsos. Uno, patrocinado primordialmente por las lesbianas y el movimiento de los derechos de la mujer que busca hacer a los hombres como mujeres. Este grupo anima activamente a los hombres a dejar de sus funciones de liderazgo; también apoya fuertemente el asunto de los derechos sobre el aborto.

El segundo movimiento, el que más ampliamente domina nuestra cultura y los medios de comunicación, les dice a los hombres que ellos deben dominar con crueldad todo lo que esté en su camino sin temor, responsabilidad o consecuencias. ¡Esta clase de hombría de conducta machista es lo que creó los errores y el liderazgo vacío que produjo el movimiento feminista en primer lugar! Ninguno de los dos extremos provino de Dios.

Mi punto es este: Cuando la humanidad alcance el punto de decir: *"Vamos y edifiquemos una ciudad y una torre, cuya cúspide llegue a los cielos; y hagámonos un nombre"*, tal como lo hizo el pueblo en Génesis 11:4, entonces tengamos por seguro que Dios bajará a la ciudad. Génesis 10:9 se refiere al gobernante de Babel, Nimrod, como al "vigoroso cazador". Dios lo hizo poderoso sobre la tierra, pero Nimrod fue culpable del más descarado desafío a Dios. Él absolutamente se rehusó a obedecer el mandamiento de Dios que pasó desde Adán hasta Noé. La agenda de Nimrod desairó el mandato de Dios de dominar la tierra bajo la autoridad de Dios. Él quiso hacerlo a su manera, fuera del gobierno de Dios. Él quiso hacerse un nombre para sí mismo.

Mi amigo, Dios ya nos ha dado un nombre y es el nombre de Jesús. Podemos orar en Su nombre y ordenar a las legiones de demonios que salgan. Todo lo que tenemos que hacer es humillarnos nosotros mismos bajo Su poderosa mano y Él nos exaltará a su debido tiempo. Nuestro mundo, nuestra nación, nuestras ciudades y nuestras iglesias están fuera de orden; y Papito Dios está por entrar en escena.

> *Jesús reinará sobre la tierra como Rey de reyes y Señor de señores.*

Dios no Viene a Tomar Partido

No nos gusta pensar en esta clase de cosas. Preferimos enfocarnos en nuestros problemas personales o en cómo obtener las bendiciones de Dios. "Lo que necesito es un mejor empleo o el carro que siempre he deseado. Señor, todo lo que necesito son cuatro o cinco tarjetas de créditos y un bonito guardarropas, así nadie sabrá que gasto más de lo que gano 'por fe'". No entendemos lo que ocurre. Tampoco tenemos la más mínima idea de que los propósitos de Dios para la tierra son completados en Jesucristo. Con todo, ¡Él reinará sobre toda la tierra como Rey de reyes y Señor de señores! Ya sea políticamente correcto o no, esto es cierto. Dios viene a tomar posesión, no a tomar partido.

El pecado de Satanás eternamente le ha limitado al papel del gran imitador, el falsificador consumado. Él sabe que un Dios-Hombre vendrá a reinar sobre la tierra, por lo que él está trabajando incansablemente para imponer sobre nuestro mundo crédulo su propio "dios-hombre" como el líder mundial destinado. El apóstol Pablo nos advirtió sobre esto:

Y entonces se manifestará aquel inicuo… cuyo advenimiento es por obra de Satanás, con gran poder y señales y prodigios mentirosos, y con todo engaño de iniquidad para los que se pierden, por cuanto no recibieron el amor de la verdad para ser salvos. Por esto Dios les envía un poder engañoso, para que crean la mentira, a fin de que sean condenados todos los que no creyeron a la verdad, sino que se complacieron en la injusticia. (2da Tesalonicenses 2:8a, 9–12)

El falsificador de Satanás asumirá el derecho a ejecutar todos sus pronunciamientos sobre el pueblo. Satanás está creando las condiciones necesarias para elevar a su líder escogido con señales y maravillas mentirosas a la vista del público. Es por eso que estoy cansado de los santos emocionales que van detrás de experiencias emocionales. Al que debemos seguir es a Cristo, si eso incluye o no una experiencia emocional en cualquier día dado.

Nuestra nación está abrumada con disturbios y problemas ocasionados por ella misma y la gente está buscando por alguien que llene el vacío–siempre que éste no sea Cristo. Se ha creado un vacío y está listo para que un gran líder lo llene.

Realmente nosotros estamos buscando un rey. Los americanos quieren a alguien–cualquiera–que puede situarse detrás de un micrófono y decir: "Yo voy a solucionarlo". Estamos buscando a un hombre porque no entendemos los principios y advertencias de Génesis 12. No entendemos la promesa, y lo que es peor, no entendemos o reconocemos al Prometedor.

Dios está por bajar a visitar esta generación. Una vez más, Él está listo para derribar nuestra resucitada Torre de Babel, pero esta vez Él espera encontrar un remanente de la Iglesia, una fuerza de ocupación que sea obediente, fiel y llena de gloria y poder en medio de las tinieblas del mundo. Yo estoy convencido de que una "nueva y mejorada" versión de Nimrod está por levantarse y unir a un mundo extasiado bajo su deslumbradora demostración de carisma y poder. Aún los elegidos podríamos ser engañados si no estamos firmemente cimentados en la Palabra de Dios y si no estamos caminando en íntima comunión con el Dios viviente (Véase Marcos 13:22–23).

El Anticristo

Nimrod fue un tipo y sombra del Anticristo. Él se manifestó o exteriorizó su rebelión en la forma de una confederación y una revuelta abierta contra Dios. Génesis 10:9 dice de Nimrod: *"Este fue vigoroso cazador delante de Jehová; por lo cual se dice: Así como Nimrod, vigoroso cazador delante de Jehová"*. El siguiente versículo dice que el reino de Nimrod empezó con Babel. En otras palabras, Nimrod impulsó su propio orden y poder en la misma cara de Dios–y el pueblo de Dios se fue con él.

¡Si adoramos a Dios en la iglesia los domingos, pero de lunes a sábado continuamos con la agenda del mundo impío por los derechos de una sociedad errada, entonces, estamos en el orden de Nimrod y en rebelión directa contra el orden de Dios!

El camino que acabo de describir lleva algunas implicaciones que hace muchos siglos Daniel predijo exactamente al relatar la descripción de este falso líder. Esta no es mi opinión; es la Palabra de Dios:

> *La solución a nuestro dolor la encontramos al ponernos a cuentas con Dios.*

> *Y el rey hará su voluntad, y se ensoberbecerá, y se engrandecerá sobre todo dios; y contra el Dios de los dioses hablará maravillas, y prosperará, hasta que sea consumada la ira; porque lo determinado se cumplirá. Del Dios de sus padres no hará caso, ni del amor de las mujeres; ni respetará a dios alguno, porque sobre todo se engrandecerá.*
>
> (Daniel 11:36–37)

UNIONES PELIGROSAS

Dios escogió hombres y mujeres temerosos de Dios para establecer esta nación. Mediante Su soberanía Dios estableció los Estados Unidos de América; con todo y debido a las fallas del gobierno y del pueblo en las últimas décadas, nos hemos atrevido a alejar a Dios en vez de acercarlo hacia nosotros. Hemos rechazado la verdad y nos hemos rehusado a heredar el corazón de nuestros fundadores. Por consiguiente, hemos rediseñado esta nación en algo diferente a lo que Dios había ordenado que fuera. Hoy en día Estados Unidos es una burla ante Dios y una sombra de lo que se nos ordenó ser porque hemos llegado a ser una nación en rebeldía.

La solución a nuestro dolor es la misma que siempre ha sido: Demos ponernos a cuenta con Dios. Lo que fue verdad en los días de Saúl, aun es verdad hoy. Samuel le advirtió al rey Saúl:

> *Y Samuel dijo: ¿Se complace Jehová tanto de los holocaustos y víctimas, como en que se obedezca a las palabras de Jehová? Ciertamente el obedecer es mejor que los sacrificios, y el prestar atención que la grosura de los carneros. Porque como pecado de adivinación es la rebelión, y como ídolos e idolatría la obstinación. Por cuanto tú desechaste la palabra de Jehová, Él también te ha desechado para que no seas rey.*
> (1ra Samuel 15:22–23)

Guárdese de un Gobierno que Marcha Equivocadamente

En los días de Saúl, un gobierno que marchaba equivocadamente, casi destruye a su pueblo. Lo mismo está sucediendo hoy. Cuando la casa de Dios–la iglesia–se ordena de acuerdo con la Palabra de Dios, ella funcionará con poder, visión y autoridad sobrenatural como nunca antes. La verdadera iglesia, la iglesia separada, tiene cada solución para las necesidades del mundo. Nosotros tenemos la autoridad y la sabiduría sobrenatural necesaria para corregir los errores de la sociedad y llevar orden donde quiera que haya caos; pero todo comienza en la Cruz.

No fuimos llamados a unir nuestros brazos con todo mundo y con cada organización que aparece con una buena causa. Permitamos que se unan a nosotros después de que hayan puesto a un lado sus agendas privadas y alianzas con los demonios, pues nosotros tenemos algo más superior a cualquier buena causa o noble fin.

Somos el pueblo de Dios. Nosotros llevamos al Espíritu del Salvador y el poder del Creador. Nosotros servimos al Cordero de Dios que quita los pecados del mundo. Nosotros no venimos solamente en el nombre de una buena causa o alguna idea agradable. ¡Venimos en el nombre del Rey de reyes y el Señor de señores!

Capítulo 4

Un mandato para la COMUNIDAD

E l domingo, 21 de Marzo de 1965, más de tres mil manifestantes se encaminaron a Montgomery, caminando doce millas al día y durmiendo en los campos. Para cuando llegaron al edificio del capitolio el jueves 25 de Marzo, el número de personas ascendía a veinticinco mil. Una marcha previa, más pequeña y más simbólica fue recibida por la policía con cachiporras, golpizas y sangre. Sin embargo, los manifestantes no se dejaron intimidar. En menos de cinco meses después de la marcha a Montgomery, el presidente Lyndon Johnson firmó la Ley de Derechos de Votación de 1965–legislación crucial que empezó a nivelar la montaña de injusticia racial en los Estados Unidos.

Retrocediendo a la década de los años sesentas, Martin Luther King, hijo, fue llamado por Dios como voz profética para liderar a una generación hacia la libertad y el cambio. El hombre con apellido "King" (Rey) era, en verdad, una voz del Reino. En su generación, él fue una señal y un milagro dado por Dios para sacar a una nación de las tinieblas del odio y la esclavitud de la injusticia a la luz de la libertad y la verdad. Él fue una voz, no sólo de la población negra, sino de todo el pueblo–y no solamente de los estadounidenses, sino para todos los pueblos alrededor del mundo.

La voz del señor King tenía poder y su don llevaba consigo dominio. Sin embargo, cuando él murió, su voz se fue con él. Aunque las masas lo seguían en valerosa acción, ellos nunca captaron la visión. Su corazón y espíritu murió con él. Lo que Dios intentó pasar a las generaciones siguientes no fue pasado. Nosotros lo vimos a él como a nuestro líder, pero no se convirtió en nuestro padre. Nosotros oímos sobre el sueño, fuimos conmovidos por su pasión, pero su espíritu no se convirtió en el nuestro. En esto nosotros sufrimos una gran pérdida.

Pocos Padres

Dios no nos ve como nosotros vemos, porque Sus caminos no son nuestros caminos. Nosotros tenemos la tendencia de ver solamente el espacio de tiempo en que vivimos, pero Él es un Dios de generaciones.

Él estableció testimonio en Jacob, y puso ley en Israel, la cual mandó a nuestros padres que la notificasen a sus hijos; para que lo sepa la generación venidera, y los hijos que nacerán; y los que se levantarán lo cuenten a sus hijos.

(Salmos 78:5–6)

Dios habló estas palabras a cuatro generaciones: Los padres era la primera generación. Sus hijos fueron la segunda generación. Los hijos que no habían nacido todavía eran la tercera generación. Y sus hijos eran la cuarta generación. Esto sugiere que cuando yo me dirijo a usted, estoy hablando a cuatro generaciones. Y cuando usted me escucha, usted escucha como representante de cuatro generaciones.

Pocos en la iglesia de hoy entienden el principio vital de la *transferencia generacional.* Nuestra ignorancia nos hace estar a una generación de la extinción porque no trasmitimos lo que hemos recibido de Dios. El dominio del reino de Dios no está siendo pasado de una generación a la siguiente. No estamos pasando la antorcha de la verdad, luz, libertad y poder. Nosotros oímos la "voz" de los padres que ya partieron. Pero el dominio de la autoridad del Reino no

> ## Debemos pasar la antorcha de la verdad a la siguiente generación.

está siendo transferido porque no hemos captado el "espíritu" de esa voz.

Debido a que hemos sido incapaces de recibir la transferencia generacional, tenemos pocos padres. Pablo les dijo a los Corintios: *"Porque aunque tengáis diez mil ayos en Cristo, no tendréis muchos padres; pues en Cristo Jesús yo os engendré por medio del evangelio* (1ra Corintios 4:15).

Pero hay unas pocas voces que Dios ha levantado para dirigir tu destino. Hay una cantidad de personas que pueden enseñarle a usted algunas cosas. Mas Dios ha comisionado solamente a unos pocos para llevarle a usted una doble porción del Espíritu de Dios sobre su vida por medio del poder de la fe.

Vea lo que dice Malaquías:

Acordaos de la ley de Moisés mi siervo, al cual encargué en Horeb ordenanzas y leyes para todo Israel. He aquí, yo os envío el profeta Elías, antes que venga el día de Jehová, grande y terrible. Él hará volver el corazón de los padres hacia los hijos, y el corazón de los hijos hacia los padres, no sea que yo venga y hiera la tierra con maldición.

(Malaquías 4:4–6)

73

Después que Dios dijo esto, dejó de hablar por cuatrocientos años. Es precisamente el último versículo del Antiguo Testamento. Dios estaba diciendo: "Tendrán cuatrocientos años para meditar en lo que Yo he dicho. Las siguientes palabras que Dios habla salen de un ángel. En Lucas 1:17 se nos informa que Juan el Bautista vendría en el *"espíritu y poder de Elías"*.

Dios no dijo que Juan vendría en el espíritu de Moisés, Jeremías, o Samuel. Él dijo que Juan vendría en el espíritu de Elías. Sin lugar a dudas usted está familiarizado con la historia de Elías en 2da Reyes 2 donde Elías le pregunta a Eliseo, su joven aprendiz de profeta, que quería. Eliseo valientemente le contesta que el quería una doble porción del espíritu del anciano profeta.

Como padre, yo doy mi corazón a mis hijos. Debemos unirnos en visión.

Elías tenía la habilidad de transferir su poderosa unción a otra generación. Los maestros no pueden hacer eso. Solamente los padres del movimiento de Dios pueden hacer eso.

Para recibir esta clase de transferencia se requerirá que usted aprenda a esperar pacientemente. Ésta no llega rápidamente. Eliseo tuvo que esperar hasta que Elías fuera llevado al cielo. Él no podía recibirla mientras su padre espiritual estuviera vivo.

Malaquías 4:6 dice que Dios volverá los corazones de los padres hacia los hijos, y los corazones de los hijos hacia los padres. La transferencia generacional es un asunto del corazón. En otras palabras, como hijo yo debo obtener o heredar el corazón de mi padre. Como padre, yo debo dar mi corazón a mis hijos. Juntos debemos permanecer unidos en visión y voz.

Un Dios de Generaciones

Desde Adán, Dios ha buscado el corazón de la humanidad. Él no está buscando un registro perfecto de asistencia a la iglesia o vidas sin pecado. Solamente un Hombre, Jesucristo, pudo tener una vida sin pecado. Pero si usted hereda el corazón del Padre, entonces Él moverá su corazón de generación a generación en constante expansión de poder y gloria. Todo depende de la transferencia del corazón y Espíritu de Dios. El éxito en la iglesia local depende de la transferencia del corazón de los líderes humanos a aquéllos a quienes Dios pone bajo sus cuidados.

Cada generación está supuesta a ser mejor que la generación anterior; pero por primera vez en la historia vemos a una generación que es peor que la que existía antes. Todo es porque ellos no entendieron la herencia del corazón y la transferencia trans-generacional de la visión y el conocimiento. Dios quiere moverse de generación en generación.

La doble porción que Eliseo recibió lo capacitó para hacer dos veces más lo que Elías había realizado. Esto sugiere que nuestros hijos están destinados a hacer más e ir más allá de donde nosotros, sus ancianos, pudimos ir. Si ahora nosotros estamos transformando gobiernos y agitando naciones, imagínense cómo será el impacto de nuestros hijos si ellos toman nuestro espíritu.

Dios no está interesado en que sólo usted sea salvo, bautizado, lleno del Espíritu Santo y se mueva con poder. Sí, usted necesita de todo eso. Sin embargo, si usted tiene todas esas cosas pero no hereda el corazón del Padre (o el corazón de su padre espiritual) y lo pasa a la siguiente generación, usted no tendrá éxito en el propósito de Dios para su vida.

Dios no está corto de vista como lo estamos nosotros. Su visión va más allá de las barreras del tiempo para alcanzar generación tras generación. Aun antes de que los mundos fueran hechos, Él pudo ver a Su Hijo en la cruz. Él también lo vio a usted llegando al mundo el día que usted nació y leyendo estas mismas palabras en este preciso momento.

No debería sorprendernos que Dios se mueva entre los hombres y sobre ellos generacionalmente. Él está tan interesado en el bienestar de su biznieta nonata como lo está por su salud. Lo que Él ha puesto en su corazón hoy afectará directamente a aquellos que vienen después de usted en un día futuro.

Dios nos da hijos como un préstamo del cual somos responsables.

Necesitamos entender que Dios nos da hijos como un préstamo. ¡La Biblia nos dice que los hijos son herencia de Dios, y que Él nos ha dado la responsabilidad de criarlos para que sean como flechas lanzadas al futuro! (Véase Salmos 127). Nuestros hijos e hijas heredan nuestros corazones. Ellos deben recibir algo de la misión y unción que Dios pone en nuestros corazones. De otra manera, estos depósitos de Dios morirán, y nuestros hijos serán destinados a comenzar todo sin una herencia (Véase Proverbios 13:22).

En la actualidad, una vez más Dios está derramando el "espíritu de Elías", pero esta vez Él lo está derramando sobre el cuerpo de Cristo. Él está buscando por personas que no se avergüencen de hablar con profunda valentía y que tracen bien la Palabra de verdad.

Las últimas palabras proféticas que Dios pronunció en el Antiguo Testamento por medio de Malaquías fueron: "*No sea que yo venga y hiera la tierra con maldición"* (Malaquías 4:6). Se prometió una maldición si los corazones no cambiaban.

Este mundo ya está bajo maldición. Esto es evidente en nuestras estadísticas, las cuales van como espiral hacia abajo, con relación al divorcio, el aborto, el incesto, la violación, la violencia, la corrupción y el escándalo (aun en la iglesia). La más grande acusación de todas es que en la mayoría de los casos, usted no puede distinguir a los cristianos de los inconversos– ¡somos todos iguales! Una triste acusación de esta generación.

La Muerte de la Iglesia Americana Negra

La iglesia americana murió esencialmente alrededor de 1950–especialmente en la comunidad negra. Tiempo en que decidimos no seguir avanzando para vivir de la cosecha y acción del ayer. Comenzamos a hacer la misma cosa antigua mientras evitábamos cualquier cosa nueva en Dios. Así que,

> *Dios quiere impartir mayor autoridad a nuestros hijos e hijas.*

aquí estamos, aun llevando a cabo la guerra espiritual de 1950, mientras el diablo ha avanzando a un nuevo milenio. ¡Él está usando armamento último modelo contra una iglesia que no ha salido de los años 1950!

Todo eso porque no hay orden en la casa. No estamos lanzando a nuestros hijos como flechas de Dios hacia el futuro. No los hemos equipado con nuestra unción, nuestro conocimiento o sus completas herencias de piedad.

Dios quiere impartir mayor autoridad que la nuestra a Sus hijos e hijas, pero nuestra religiosidad y vana imaginación están bloqueando el camino. Por generaciones hemos abandonado Su modelo de la herencia del corazón en nuestras familias naturales y en la iglesia, y el remanso de nuestra negligencia ha envenenado aun más las organizaciones, las instituciones y la moral de nuestra sociedad y de nuestra nación.

He entrado en gran detalle acerca de la importancia de criar a nuestros hijos e hijas en el Reino y cómo este principio ha llegado a ser el fundamento de mi vida y ministerio. Dios quiere llevar este modelo a los más altos niveles de la iglesia y a cada área de nuestra sociedad. En mi propia experiencia, he notado que Dios ha tomado mi ministerio con los "hijos" a un nuevo nivel. Recientemente se me pidió hablar en una conferencia donde yo mismo me encontré pensando: *¿Señor, Te he puesto a un lado en esto? ¿Debo estar en casa?* Ni siquiera sabía lo que Dios quería que yo dijera. De hecho, cambié los mensajes antes de ministrar.

Evidentemente acerté en el mensaje que Dios quería darme para predicar porque esa iglesia ha seguido en avivamiento desde ese servicio. Ellos me dijeron más tarde que realmente la palabra que les tocó a ellos vino por medio de mis labios. Dios hizo liberto a esas personas de de lujuria y drogas e hizo que los matrimonios se reconciliaran esa noche. Todos estaban en el altar, postrados ante Dios.

"Ese es Mi Papá"

Comprendí Dios estaba planeando algo en mi ministerio "paternal" desde el momento que llegué a esa iglesia. Nunca antes había conocido al pastor, pero cuando entré a la iglesia, estreché la mano de este hombre, y él me abrazó, de inmediato nos unimos en el Espíritu. Después de ministrar en ese servicio poderoso, quedé listo para irme al hotel a dormir. Me puse el traje para correr y los tenis pues regresaría al hotel después de caminar, pero Dios me llevó de regreso al frente de esa iglesia. Aunque era media noche, el pastor le había pedido a la congregación que me esperaran.

El pastor se puso en pie frente a la congregación y dijo: "El Señor me habló esta noche y he escuchado algo. Nunca antes había conocido a este hombre", dijo mientras se volvía hacia mí, "pero ese es mi papá". En ese momento esta iglesia de más de cinco mil personas empezó a saltar de alegría porque ellos también oyeron el sonido que estaba saliendo de mi voz. Esa noche la congregación entera junto con su pastor se sometió a mi liderazgo espiritual–pero no porque yo se les hubiera solicitado que lo hicieran. ¿Por qué lo hicieron? Fue porque ellos oyeron palabra del Espíritu Santo.

No hubo entrevistas. No hubo cuestionamientos. No hubo debate o discusión. Este pastor no sabía que hacer, pero él oyó un sonido. Yo veo que este mismo proceso tiene lugar en cualquier parte que Dios me envía. Con mucha frecuencia, tan pronto como termino de ministrar la Palabra de Dios, un pastor me dirá: "¿Quiere usted ser mi padre espiritual? Yo entiendo que tengo que someterme en algún lugar porque yo también tengo que ser cubierto. Oigo lo mismo que usted está oyendo, pero debo ser guiado". Le puedo garantizar que no soy experto en estos eventos, no sé si usted lo comprende, pero esta clase de cosas pueden suceder solamente cuando Dios está detrás de ellas.

Colocando el Fundamento

Mi hijo Kody está supuesto a hacer cosas más grandes que las que yo he hecho. Yo estoy supuesto a construir una tarima en la cual él se impulsará y hará cosas mucho más grandes.

Pero si yo lo enveneno con una negativa herencia impía y le sirvo de estorbo al no proveerle los nutrientes espirituales que él necesita, él no podrá hacerlo. En vez de eso, él desperdiciará más de su vida para encontrarse a sí mismo y anulando lo malo que yo le hice en sus primeros años. ¿Ahora ve usted por qué el orden de Dios es tan importante en el hogar?

Todo comienza con el hombre. En el libro de Génesis Dios estableció al hombre como fundamento de la familia y de la iglesia:

> *Estos son los orígenes de los cielos y de la tierra cuando fueron creados, el día que Jehová Dios hizo la tierra y los cielos, y toda planta del campo antes que fuese en la tierra, y toda hierba del campo antes que naciese; porque Jehová Dios aún no había hecho llover sobre la tierra, ni había hombre para que labrase la tierra.* (Génesis 2:4–5)

Dios necesitaba un hombre. Había un vapor para mantener la humedad apropiada, pero no había lluvia ni hombre que desarrollara la tierra. Dios necesitaba al hombre.

Génesis 2:7 dice: *"Entonces Jehová Dios formó al hombre del polvo de la tierra, y sopló en su nariz aliento de vida, y fue el hombre un ser viviente"*. Cualquier cosa que Dios quiere, Él lo consigue. Dios no hace nada por casualidad o por accidente. El hombre fue el primer ser terrenal que Dios creó con alma. Dios creó primero al hombre, y lo que Él coloca primero es el fundamento. Luego vino Eva y después llegaron los hijos en su debido orden.

Dios asentó todo en el hombre. Cualquier fundamento debe ser lo suficientemente fuerte para manejar la estructura que se construirá posteriormente. Cuando usted quiere saber cuáles son los problemas en la comunidad o en la nación, usted terminará donde Dios comenzó–con el hombre. Si usted quiere arreglar los problemas, usted comienza con el hombre, y, continúa de reversa.

Cada hombre que lea estas palabras está bajo presión y estrés. Si usted está a punto del desfallecimiento, le puedo asegurar que la única razón por la que usted está por desfallecer es porque en alguna parte, en alguna manera, usted no está haciendo las cosas como Dios las ordenó. Esto suena grosero e injusto, pero el hecho es que usted es el fundamento. Por con-

> *Dios da la fortaleza para manejar todo lo que Él ha ordenado.*

siguiente, siendo que Dios no comete errores, usted, como el fundamento que Dios colocó, puede recibir y asumir la responsabilidad de la carga que Dios permita poner sobre usted. Él le dará a usted la gracia y la fortaleza para manejar todo lo que Él ha ordenado.

Ampárese en la Roca de Salvación

Si usted emprende algo que Dios nunca le dijo que hiciera o si usted decide hacer algo a su manera en vez de a la manera de Dios, entonces usted está en peligro de desfallecer bajo una carga que no es suya. Dios no hizo al hombre como fundamento porque el hombre sea superior a la mujer; no lo es. Él hizo al hombre como fundamento porque así Él lo quería, mas Él nunca esperó que el hombre se apoyara en su propia fortaleza humana. Dios espera que el hombre se apoye en la fortaleza espiritual de la Roca de salvación, el Hijo de Dios.

Las mujeres tienen un llamado igualmente superior, tienen valor y unción de Dios. Sin embargo, en el orden de Dios su función principal en la vida, en las relaciones conyugales y en el hogar es diferente a la función del hombre. Dios fue al polvo para formar al hombre, pero Él fue al hombre para formar a la mujer.

¿Ha notado usted que los hombres generalmente lucen atractivos aun cuando están sucios? Aun los bien rebuscados y costosos anuncios de la televisión no tienen problema en mostrar a un hombre sudoroso y sucio en el trabajo y que flirtea galantemente a una mujer bien vestida. Las mujeres, por alguna razón, no lucen tan atractivas cuando andan sucias.

> *Dios espera que el hombre se apoye en la fortaleza espiritual de la Roca de salvación.*

Eso es porque la mujer no fue sacada de la tierra; ella fue sacada del hombre.

Dios cubrió al hombre, sacó a la mujer del hombre y sacó a los hijos de la mujer. Ahora Él espera que el hombre cubra a la mujer y al hijo. Lo que sea que Dios haya sacado del hombre para ponerlo en la mujer, Él nunca lo puso de regreso. Por eso es que nosotros continuamos buscándonos mutuamente para encontrar lo que no tenemos.

El hombre y la mujer están divididos en función pero iguales en esencia. Dios hizo a la mujer para ser esposa y madre. Su cuerpo está peculiarmente equipado con los órganos, estructura ósea y un sistema complejo hormonal necesario para concebir, llevar, dar a luz y alimentar a sus hijos.

En 1950 y 1960, la profesión médica decidió que ellos sabían mejor que Dios cuando anunciaron que estaba fuera de moda e innecesario que las nuevas madres amamantaran a sus bebés. Pero el recurso de Dios finalmente prevaleció y el recurso natural de amamantar a los bebés regresó. Aunque estoy agradecido por la leche en polvo para bebés [conocida también como fórmula para bebés], la cual puede usarse en casos donde amamantar es imposible o difícil, el uso de la leche en polvo para bebés fue promovido como mejor que el recurso de Dios. Sin embargo, el recurso de Dios prevaleció.

Al igual que las mujeres fueron creadas con la capacidad para tener hijos, los padres tienen un papel importante que jugar también. Ellos les dan a sus hijos propósito e identidad. Los muchachos adquieren sus identidades de sus padres. Las niñas

> *Los hijos son flechas de Dios en nuestras manos.*

también forman sus identidades basadas en la afirmación de sus padres (o la carencia de ellos). La composición de cada niño comienza con ambos padres ejecutando sus funciones en el hogar.

Salmos 127:1 dice: *"Si Jehová no edificare la casa, en vano trabajan los que la edifican"*. El salmista sigue diciendo:

> *He aquí la herencia de Jehová son los hijos; cosa de estima el fruto del vientre. Como saetas en manos del valiente, así son los hijos habidos en la juventud. Bienaventurado el hombre que llenó su aljaba de ellos; no será avergonzado cuando hablare con los enemigos en la puerta.* (versículos 3–5)

Abortando Nuestro Futuro

Los hijos son flechas de Dios en nuestras manos y es nuestra responsabilidad y privilegio lanzarlos al futuro equipados con la acumulación de conocimiento, sabiduría, riqueza y poder que hemos adquirido y que nuestros antepasados nos dejaron. Nuestro problema consiste en que constantemente estamos "abortando" nuestras futuras generaciones por medio de la ignorancia y el desorden del presente.

Yo soy hijo de predicador, pero la única razón por la que estoy aquí es porque mi madre entendió las Escrituras y tuvo la fuerza de convicción y el carácter para sujetarse a mi padre–aun cuando él no lo merecía. Cuando ella se casó con él, él le ocultó dos secretos a ella: Que él era alcohólico y que él realmente no era salvo. Mamá descubrió la verdad después de casada con papá, pero como ya ella estaba casada con él, ella se sujetó a él y lo respetó de todas maneras.

Mamá acostumbraba levantarse por la mañana y cocinar el desayuno–a la manera antigua. Si papá llegaba a casa a las once o a la media noche, ella se levantaba de la cama a prepararle un plato de comida. Luego ella se sentaba con él hasta que él terminara, ella lavaba los platos y le preparaba la ropa para el siguiente día.

Una Flecha fue Lanzada a la Siguiente Generación

No fue fácil para mi madre sujetarse y respetar a mi padre alcohólico en los primeros días, pero ella tenía una inquebrantable convicción de que la Palabra de Dios era verdadera, y ella vivió de acuerdo a su convicción. Agradezco a Dios que mi madre era una mujer piadosa y con una fe para mantenerse firme cuando todo a su derredor le decía que corriera.

Puedo recordar el día que ella casi se va. Se le había colmado su paciencia y había empezado a empacar sus cosas. Yo lloraba encerrado en el baño, mi corazón se me salía y finalmente fui donde ella porque yo sabía que papá estaba siendo un tonto obstinado. Y le dije a mamá: "Mama, si te vas, yo moriré". Y ella me dijo: "Yo no voy a ninguna parte". Debido a que mi santa madre tenía la voluntad de cubrirme, hoy estoy aquí cumpliendo con mi llamado divino. Con el tiempo, mi padre llegó a ser el hombre al que Dios llamó a ser y el que mi madre creyó que podía llegar a ser.

El llamado de papá era iniciar iglesias. No recuerdo a papá pastoreando una iglesia por más de tres años. Él iba, comenzaba una iglesia, construía bonitos edificios y luego seguía hacia otra tarea. ¿Adivine qué? Ese mismo legado pionero está conmigo hoy en mi ministerio, pero a un grado mayor.

Yo fui una flecha lanzada a la siguiente generación. Dios está trayendo pastores hacia mí desde todo el país quienes están poniendo en mis manos sus certificados de ordenación y diciendo: "Me sujeto a usted, obispo y estoy trayendo a mi iglesia bajo la autoridad de esta iglesia". Yo le digo a usted que este manto de liderazgo y llamamiento nació primero en mi padre, el llamado constructor de iglesias. En mi generación, Dios está sujetando bajo esta autoridad iglesias que ya están construidas.

Sea hombre o mujer, necesitamos entender que todos los problemas con que llenamos nuestros días–conyugales, crianza de hijos, financieros o de relaciones interpersonales–son distracciones y pantallas de humo que el diablo está utilizando para mantener nuestros ojos fuera de lo que Dios ha ordenado que hagamos. Como miembros del cuerpo de Cristo, hemos sido llevados a pequeñas batallas en nuestro traspatio, pero estamos perdiendo la pelea de cumplir nuestros destinos divinos en Dios. Estamos peleando las batallas que nosotros mismos escogemos sin darnos cuenta que estamos dejando pasar el más grande tesoro al perder la guerra de la obediencia a la voluntad de Dios y la Palabra.

Uno de los problemas más serios es que hemos entrenado a las congregaciones en el cuerpo de Cristo para que sean espiritualmente egoístas. Venimos a los servicios de la iglesia con la meta principal de gozarnos y ser bendecidos. Es bueno ser bendecido, pero Dios tiene más grandes propósitos y prioridades para nuestras vidas que el ser buscadores de bendición todos nuestros días. Nuestro enfoque interno sobre las bendiciones personales para "los cuatro nosotros y nadie más" ha causado que nos perdamos de lo que Dios está haciendo en la tierra hoy en día. No le estamos diciendo al Señor: "Hágase Tu voluntad". Estamos diciendo: "Hágase mi voluntad, y con menos problemas como sea posible, por favor, Señor". ¡No entendemos que la única razón por la que Dios nos bendice es para que nosotros podamos ser de bendición!

> ¡La única razón por la que Dios nos bendice es para que nosotros podamos ser de bendición!

La Biblia no nos dice: "Presenten sus peticiones a Dios para que eviten el sacrificio, el cual no tiene sentido". No, el apóstol Pablo dijo: *"Así que, hermanos, os ruego por las misericordias de Dios, que presentéis vuestros cuerpos en sacrificio vivo, santo, agradable a Dios, que es vuestro culto racional"* (Romanos 12:1).

Moldeados a la Imagen de Cristo

Muchos cristianos sinceros dicen estar "sufriendo por Cristo", pero la mayor parte de nuestro "sufrimiento" viene en una o dos maneras. Nosotros "sufrimos" a causa de nuestra carne incontrolada, nuestros deseos o la falta de disciplina. También "sufrimos" cuando estamos en medio del proceso de maduración de Dios y estamos siendo moldeados a la imagen de Cristo. La primera clase de sufrimiento no es sufrimiento del todo; es una advertencia para ponernos en forma, tomar las decisiones correctas y decirle no a la carne. La segunda clase de sufrimiento es en realidad la misericordia de Dios obrando en nosotros. Si le permitimos a la paciencia tener *"su obra perfecta"* como en las palabras del apóstol Santiago, nosotros seremos *"perfectos y cabales, sin que os falte cosa alguna"* (Santiago 1:4).

Según Efesios 6, una batalla se está librando la cual no entendemos o, en muchos casos, no percibimos. Dios quiere manifestar Su poder por medio de la iglesia en esta batalla, y, es por eso que es tan importante para la iglesia ponerse a la orden de Dios. La orden de Dios le da fuerzas a la iglesia y a todo lo que ella toque. A medida que las familias son fortalecidas la iglesia local es fortalecida y el poder de Dios puede ser manifestado por medio del cuerpo colectivo.

Nosotros somos un cuerpo de muchos miembros unidos bajo una Cabeza. Es vital que encontremos nuestro lugar y función sin envidia ni contienda para que todos recibamos la bendición de Dios y cumplamos con nuestro destino. Si usted alguna vez se golpeó el dedo pequeño del pie o se rompió un dedo de la mano, usted sabe cómo todo su cuerpo es afectado cuando uno de los miembros más pequeños, y el menos notado, es lastimado o está fuera de lugar. Las cosas se tornan más serias cuando los órganos mayores o las partes que portan el mayor peso están fuera de lugar o extraviados.

El Hombre de la Casa

Creo que usted podría trazar cada problema mayor afectando a la iglesia y la sociedad de hoy hacia el hombre de la casa. Cuando el hombre evade sus responsabilidades, las cuales fueron dadas por Dios, en las relaciones interpersonales, el matrimonio o el hogar, literalmente todo el infierno se desata. Algo más rápidamente se presentará para llenar el vacío que la ausencia de un hombre creó. Una que el hombre marcha hacia el orden de Dios, todo lo demás se fortalece.

Usted lleva a la iglesia local la medida del poder de Dios que es manifestado en su hogar. Cuando usted no tiene nada en casa, usted trae todo de ese vacío a la iglesia. Así los cristianos salen decepcionados cuando ellos mismos no traen nada y esperan que algo grande ocurra.

¿Por qué nueve de cada diez iglesias en este país no impactan una simple cuadra de la propiedad que ocupan sus edificios? Ellos están fuera del orden de Dios. Por lo tanto, el poder de Dios se está perdiendo en los hogares y las vidas de esas personas–individual o colectivamente. Nosotros nunca podremos tenemos el poder de Dios a menos que acordemos mutuamente entrar en el orden de Dios para el hogar y la iglesia.

Cuando nos unimos en el orden de Dios bajo la influencia del mismo Espíritu de Dios que habita en nosotros, veremos el reino de Dios tomar posesión por medio de una manifestación del poder de Dios a un nivel nunca antes visto. Por otro lado, las iglesias que se la juegan para tener un maravilloso tiempo sin el Espíritu de Dios los domingos y miércoles obtienen solamente lo que pueden producir en la carne. Cualquier iglesia que funcione fuera del orden de Dios está funcionando en el poder del hombre; ella no tiene poder para influenciar e impactar el mundo alrededor de ella. Esta clase de iglesia se encontrará vencida por la sociedad tal como la que describió el apóstol Pablo en su segunda carta a Timoteo:

También debes saber esto: que en los postreros días vendrán tiempos peligrosos. Porque habrá hombres amadores de sí mismos, avaros, vanagloriosos, soberbios, blasfemos, desobedientes a los padres, ingratos, impíos, sin afecto natural, implacables, calumniadores, intemperantes, crueles, aborrecedores de lo bueno, traidores, impetuosos, infatuados, amadores de los deleites más que de Dios, que tendrán apariencia de piedad, pero negarán la eficacia de ella; a éstos evita.
(2ᵈᵃ Timoteo 3:1–5)

Esto suena como las historias noticieras que oímos años tras años describiendo a las estrellas en la típica selección para entrar en el deporte profesional, ¿no es así? ¡Esta podría ser la biografía personal de los músicos favoritos y las estrellas de cine de Estados Unidos, o aun peor, una descripción de los hijos de los ancianos en su propia iglesia! ¿Qué nos está pasando? Un rápido vistazo nos dice que los niveles de adolescentes embarazadas han aumentado vertiginosamente, que se distribuyen condones gratis en las escuelas públicas, que hay más tiroteos desde los vehículos en marcha, ha aumentado la pornografía infantil impresa y por Internet, ha aumentado del aborto y el suicidio asistido. También encontramos un desenfrenado abuso infantil, familias a punto de un rompimiento total, y el asesinato sin remordimiento.

Jueces 17:6 dice: *"En aquellos días no había rey en Israel; cada uno hacía lo que bien le parecía".* Esta plaga se ha infiltrado en la iglesia. Por ejemplo: el liderazgo que existía cuando llegué a *New Birth* (Nuevo Nacimiento) abiertamente menospreciaba el don ministerial que Dios había puesto en el cuerpo, de acuerdo con Efesios 4:11–14, hasta que Dios cambió el orden de las cosas. Cada vez que nosotros escogemos para "hacer lo que es correcto a nuestro parecer", sin considerar lo que dicen las

Escrituras, hemos cometido un pecado que puede envenenar cada área de nuestras vidas.

Beneficios y Bendiciones

Cuando comprometí mi vida, ministerio e iglesia para vivir conforme al orden de Dios y no el del hombre, las familias de *New Birth* (Nuevo Nacimiento) salieron completamente de deudas poco después de un año más tarde. Dios hizo que ciento setenta acres de terreno contiguo al aeropuerto de Atlanta fuera disponible para nosotros. Ese terreno tenía un valor de más de diez millones de dólares, pero el hombre que la poseía estaba molesto con su hijo, por lo que nos la ofreció por tres millones de dólares.

> *Dios hace que nos esforcemos más allá de nuestras habilidades para mostrar Su gloria.*

Yo fui al banco y dije: "Necesitamos tres millones de dólares". Los banqueros me miraron y dijeron: "Señor, nosotros no hacemos esa clase de préstamos". Yo sólo sonreí y les dije: "Ustedes lo harán. Llámenme cuando estén listos". Al siguiente día ellos me llamaron y compramos el terreno.

Mantuvimos esa propiedad por catorce meses; después la vendimos por catorce millones de dólares, ganando once millones de dólares en la transacción, después de pagar nuestro préstamo. Compramos doscientas cuarenta acres justo en la calle de arriba a nuestra presente localización, pagamos todas nuestras facturas, y pusimos dos millones de dólares en el banco. Dios hizo todo eso y nosotros no tocamos nuestros diezmos y ofrendas.

Tenemos un gimnasio para hacer ejercicios, un parque de cinco acres y una cancha de tenis que nos fueron dados. Dios nos ha dado una gracia increíble–incluso nuestras familias le dirán que han sido bendecidas desde que pusimos nuestra casa en orden.

Ese es el desafío que enfrenta la iglesia en Estados Unidos a esta hora. Una vez que adquirimos nuestras casas, individual y colectivamente, en el orden de Dios, Él nos bendecirá. Una vez que las bendiciones de Dios llegan, Él espera que nos esforcemos más allá de nuestras habilidades y recursos para hacer algo por Él donde Su gloria realmente necesite ser mostrada.

Dios quiere que las iglesias suburbanas se esfuercen por fe bajo Su dirección para sembrar en el nombre de Jesús, edificios, terrenos, recursos y personas en las vecindades del centro de las ciudades. Él quiere iglesias en las grandes ciudades para expandir su visión y plantar iglesias en las áreas rurales donde la Palabra de Dios es difícil de encontrar. Dios quiere derribar cada cerca que, aquí en Estados Unidos, hemos construido en la carne en los últimos dos siglos. Él quiere que Su iglesia tome el mando manifestando Su gloria en la reconciliación interracial, bajo la cruz de Jesús. Él quiere que la iglesia tome los vecindarios que actualmente están tomados por el crimen, la guerra entre pandillas y los espíritus gobernantes de pobreza. Ahora mismo la iglesia no tiene voluntad propia para hacer nada por cambiar el mundo. Estamos contentos con sólo movernos por inercia.

Alguien que sepa algo debe decir algo. Somos esclavos de la rutina y estamos haciendo las cosas religiosamente porque esa es la manera como siempre han sido hechas. ¿Y qué si siempre han sido hechas de esa manera porque nadie sabía cómo hacerlas mejor? La iglesia ha fallado la prueba principal de la Palabra de Dios: No se han producido frutos. ¿Cómo lo sabemos? Porque realmente nada está cambiando en nuestras familias y comunidades.

Usted podrá decir: "Bueno, Obispo, no todo es tan malo, ¿o sí?" Eso depende de cuántas veces usted quiere seguir siendo liberado de la misma cosa. Aquí hay una profunda verdad para tenerla presente: El cambio no es cambio hasta que un cambio se ha efectuado. Dios tiene cierta manera de hacer las cosas y si rechazamos Su manera a favor de nuestra manera, cosecharemos el fruto de nuestro trabajo: ningún fruto.

Admito que tenemos que pagar un alto precio por los beneficios duraderos del proceso de Dios de crecer y madurar. ¡Pero pagamos un precio todavía más alto cuando los rechazamos! Puede que usted esté sentado allí justo ahora con este libro en sus manos, flotando en miseria porque se siente estancado. Eso mismo es lo que está sucediendo en la iglesia.

> *Si su iglesia tuviera que irse, ¿lo notaría su comunidad?*

La iglesia alrededor del mundo y en Estados Unidos especialmente, está pagando hoy un precio muy caro porque hemos visto el desafío del cambio y hemos dicho: "Oh, eso es demasiado caro. Creo que probaré una ruta más fácil y rápida". Debido a que en las últimas décadas rechazamos el desafío de Dios para cambiar, hemos perdido a nuestros hijos y a nuestras familias, nos hemos dado por vencidos con nuestras vecindades y hemos perdido nuestro dinero, y, muchos de nosotros estamos perdiendo nuestra cordura y salud. ¡Sin embargo, pocos, si es que los hay, se atreven a decir algo!

Impactando Nuestro Vecindario

Hace cinco o seis años yo hice algo que cada pastor y líder de la iglesia debería hacer con frecuencia. Me pregunté a mí mismo: *Si el edificio de esta iglesia fuera destruido, ¿lo notaría nuestra comunidad–aparte del fácil flujo de tráfico?* Yo realmente tuve que luchar con esa pregunta porque estamos perdiendo la mayoría de nuestro tiempo hablando de misiones mundiales y otros ministerios lejanos. Aunque la misión de alcance es muy importante, tengo que admitir que nuestra iglesia verdaderamente no ha impactado a nuestra comunidad. Hemos fallado en nuestra primera misión.

Uno de los principios del reino que nos gustaría olvidar es que un hombre debe ser fiel en lo que se le ha confiado antes que él pueda esperar más (Véase 1ra Corintios 4:2). Yo comprendí muy temprano en mi vida que Dios, en Su soberanía, estaba dirigiendo mis pasos, y, que Él estaba orquestando un nombramiento divino tras otro. Así que, como pastor de la *New Birth Missionary Baptist Church* (Iglesia Bautista Misionera el Nuevo Nacimiento), Dios me ha puesto específicamente en esa iglesia y en esta comunidad local para revelar Su reino. Una vez que eso quedó claro, yo supe cuál era la misión de la "casa". Empezamos a encauzarnos en los propósitos de Dios y comenzamos a poner nuestra propia casa en orden.

Los principios y visión que comparto aquí no están basados en los inciertos teóricos; están basados en cosas que hemos probado en el mundo real. Ellos son el fundamento y la fuerza motora de la gracia de Dios que nos catapultó de una iglesia de trescientos a una iglesia creciente de veinticinco mil en menos de una década.

Este ministerio ha llevado con denuedo la luz de Dios al centro de las vecindades de la ciudad, a los sistemas de cortes criminales, escuelas públicas superiores, al Senado del Estado de Georgia, al Senado de los Estados Unidos e incluso a la misma Casa Blanca. Bajo la dirección de Dios, y, con la verdad de la Palabra, hemos desafiado leyes anti-bíblicas, reglamentos de la Corte Suprema, legisladores estatales y nacionales, y, líderes eclesiales. Estamos bajo el mandato de Dios de llevar el evangelio de Jesús al mundo, sin transigir.

Ahora si puedo decir honestamente que la Atlanta metropolitana nos echaría de muchísimo menos si por alguna causa nos moviéramos de lugar o dejáramos de funcionar. La congregación *New Birth* (Nuevo Nacimiento) financia y opera vitales programas de apoyo en la ciudad e invierte grandes sumas de dinero y miles de horas voluntarias en áreas claves tales como los programas de intervención de delincuencia juvenil, programas de escuelas públicas y apoyo a programas de alcance para mujeres y niños sin hogar. Estamos involucrados en cada aspecto de la vida y estamos haciendo un mayor impacto en las áreas de la Atlanta metropolitana.

Esto, a cambio, nos está ocasionando que ganemos mayor posición en la infraestructura de la ciudad. Cuando usted es político en una principal área metropolitana, no es sabio descartar o ignorar a un grupo de votantes altamente unificado, comprometido y motivado que pasaban de las veinticinco mil personas representando casi cada recinto de votación de su ciudad. ¡Y es aun más insensato cuando un número de políticos y líderes judiciales con los más altos cargos de la ciudad son miembros y líderes altamente comprometidos de la iglesia!

Desde mis primeros días como pastor estaba claro que la visión que Dios me había dado era demasiado grande para mí como para que la pudiera cumplir solo. Me vi en la posición de Jonatán:

> *Dijo, pues, Jonatán a su paje de armas: Ven, pasemos a la guarnición de estos incircuncisos; quizá haga algo Jehová por nosotros, pues ni es difícil para Jehová salvar con muchos o con pocos. Y su paje de armas le respondió: Haz todo lo que tienes en tu corazón; ve, pues aquí estoy contigo a tu voluntad....Y subió Jonatán trepando con sus manos y sus pies, y tras él su paje de armas; y a los que caían delante de Jonatán, su paje de armas que iba tras él los mataba. Y fue esta primera matanza que hicieron Jonatán y su paje de armas, como veinte hombres, en el espacio de una media yugada de tierra.* (1ra Samuel 14:6–7, 13–14)

La Unción de Jonatán

Las cosas estuvieron estancadas hasta que Jonatán recibió una dosis de la fe que mueve montañas y habló al joven que le llevaba su armadura. De alguna manera la unción sobre Jonatán fue pasada a aquel joven y le dio el valor para hacer lo que el rey Saúl y seiscientos hombres nunca habrían hecho. ¡Él estuvo incondicionalmente de acuerdo con la visión imposible de Jonatán y marchó con él para derrotar a todo un ejército!

Jonatán, sin ayuda, tumbó al suelo a veinte personas, pero fue su fiel paje de armas que venía justo detrás de él quien hería a los mismos soldados enemigos con la espada de Jonatán y los mataba. El golpe valiente dado por Jonatán y su paje de armas parece haber descargado un fuerte terremoto de temor que puso a correr a todo el ejército filisteo. Fue hasta entonces que el descorazonado rey Saúl y el resto del ejército israelita se unieron a luchar contra el enemigo (Véase 1ra Samuel 14:15–20).

Capturando el Espíritu de un Líder

Los problemas en el cuerpo de Cristo y el Reino son la incapacidad y la falta de voluntad de los creyentes para entregar sus corazones o capturar el espíritu del líder. De hacerlo así pareciera que le dan a ese líder mucho más poder. Así que, las personas dicen: "Yo no voy tan lejos". Peor aún, ellos se van criticando a otros que entregan su corazón a la casa de Dios, llamándoles marionetas.

Tales individuos no han leído las Escrituras. Jesús vino y pudo haber vivido como igual a Dios. Pero Él se sometió aun hasta la muerte en la cruz (Véase Filipenses 2:8). Él no vino para hacer Sus propias cosas. Tenemos mucha gente que han venido a la iglesia y al Reino con sus propias agendas. Ellos están tratando de tallar sus propias congregaciones dentro de la congregación.

Por favor, no se engañe. Solo porque usted está sentado en medio de un grupo de personas que están de acuerdo con usted, eso no significa que Dios está de acuerdo con usted. Cuando el servicio termina ustedes pueden aglomerarse y dar su opinión acerca de lo que el pastor dijo en el sermón. O quizá todos ellos lo miran a usted para ver si usted aprueba el mensaje del pastor porque ellos no creerán el mensaje a menos que usted les de su

> *Eliseo recibió una doble unción debido a su actitud.*

"visto bueno". Tales personas no están sujetas a la dirección del pastor sobre la casa–el pastor del rebaño de la iglesia. Ellos están sujetos a usted y usted está causando división en la casa. Esa división impide que sus amigos reciban la transferencia generacional que Dios desea que ellos tengan.

Mateo 23:11–13 describe esta actitud:

El que es el mayor de vosotros, será vuestro siervo. Porque el que se enaltece será humillado, y el que se humilla será enaltecido. Más ¡ay de vosotros, escribas y fariseos, hipócritas! porque cerráis el reino de los cielos delante de los hombres; pues ni entráis vosotros, ni dejáis entrar a los que están entrando.

Si usted es uno de los que se atraviesan en el camino, impidiendo y saboteándole a otros la transferencia generacional al sembrar rebelión en sus mentes, usted no es mejor que los fariseos. Ellos hacían la misma cosa. Puede que a usted le satisfaga que las cosas de la iglesia sigan como de costumbre, sin la manifestación de la presencia de Dios, pero la verdad es que el mundo está arrojándose al infierno.

Su actitud en este asunto de la transferencia es de vital importancia. Comprenda que Eliseo no era el único aprendiz espiritual de Elías, pero fue el único que recibió la doble porción de su espíritu. Lo que hizo la diferencia fue su *actitud.* Aun cuando parecía que Elías lo estaba rechazando, alejándose de él, tratando de deshacerse de él, Eliseo se mantuvo firme. Tres veces Elías se volvió hacia él y le dijo: *"Quédate ahora aquí, porque Jehová me ha enviado a Bet-el"* (2ᵈᵃ Reyes 2:2, 4, 6). Aquellas palabras probablemente calaron profundamente a Eliseo, más él nunca dejó a Elías, nunca se ofendió por eso, nunca se enojó, nunca se alejó.

Muchos miembros de la iglesia fácilmente se ofenden con los líderes, marchándose cuando se sienten que no se les presta atención o los pasan por alto. ¿Es usted uno de esos? ¿Se ofende usted fácilmente con un líder que le pasa por alto sus dones o parece que descuida su presencia? Si así es, usted debe entender que el propósito de Dios para usted es que asista a esa iglesia en particular. Dios puede haberlo colocado a usted en esa congregación para recibir algo que Él ha colocado en el espíritu de su líder. Usted no está allí para llamar la atención, así que, busque de Dios y no pierda su herencia espiritual. Eliseo no lo hizo, pero todos los otros aprendices espirituales lo perdieron. Solamente uno recibió la unción. En su generación, yo espero que ese sea usted.

La cosa más importante que usted debe hacer es orar. Si usted permanece en oración, usted no perderá su destino y no será seducido por aquellos que están siendo usados por el enemigo para distraerlo. Como usted sabe, Eliseo también tuvo muchas oportunidades de ser distraído. No obstante, él mantuvo sus ojos en el premio y se le concedió el dominio en su generación.

Un Corazón Sumiso

Vemos en Malaquías 4:6 que Dios dijo que Él volvería *"el corazón de los padres hacia sus hijos y el corazón de los hijos hacia sus padres"*. Como ya lo mencionamos, esto es un asunto del corazón. Pero no es sólo que afecte el amor y la obediencia. Otro elemento clave es el sometimiento.

Dios le dio a David una visión para construir el templo. Pero a él no se le permitió que lo construyera. La visión fue para su hijo Salomón. El hijo pudo construir lo que el padre vio, lo que sugiere que él recibió el espíritu y el corazón de su padre (Véase 1ra Crónicas 28).

Tal vez lo que nosotros comenzamos en nuestra generación puede estar destinado para ser completado en la próxima generación. No todas sus visiones serán manifestadas mientras viva. La visión del Señor es tan grande que a menudo requiere de varias generaciones para completar el llamado. Puede que usted se sienta abrumado por la visión y el llamamiento de Dios en su vida. Comprenda que Dios puede estar enviando jóvenes para capturar su corazón y recoger su manto.

Usted joven, estudia su línea sanguínea y pregúntele a Dios si su madre o padre comenzaron algo que Él está esperando que usted termine. Si es así, tome y mantenga esa visión en vez de tratar de comenzar algo nuevo.

Penosamente, para Salomón, sus propios hijos nunca tomaron la visión de la manera que originalmente él había recibido la visión de su padre David. Igualmente triste es que sus propios hijos nunca capturaron su corazón.

Eclesiastés 6:1–2 dice:

Hay un mal que he visto debajo del cielo, y muy común entre los hombres: El del hombre a quien Dios da riquezas y bienes y honra, y nada le falta de todo lo que su alma desea; pero Dios no le da facultad de disfrutar de ello, sino que la disfrutan los extraños. Esto es vanidad, y mal doloroso.

Salomón le llama a esto *"vanidad"* y *"mal doloroso"*. Salomón capturó el corazón de su padre y construyó el templo para el cual David había recaudado dinero. Mas a causa de que sus propios

> **Dios utiliza a hombres y mujeres para hacer cumplir Su voluntad.**

hijos no captaron la visión, toda su riqueza, poder y dominio fue para los extranjeros.

Lo mismo está pasando en el mundo de hoy. Usted se puede preguntar: "¿Por qué yo estoy en la quiebra mientras otros parece tener mucho?" Puede ser que usted no recibió la transferencia generacional que Dios propuso para usted. Por ende, Dios dijo: "No permitiré que lo comas. Los extranjeros lo disfrutarán".

Si usted cree que Dios lo ha puesto a usted en su iglesia, entonces es de vital importancia que usted aprenda a someterse al liderazgo bajo el cual Él lo ha colocado. Usted debe recibir lo que Dios puso en ellos para poder recibir estos beneficios por usted mismo. Hacerlo así es parte de su sometimiento a Él. Si usted no puede someterse al liderazgo, puede que usted descubra que tampoco puede someterse a Dios. El problema yace dentro de su propio corazón.

Recibiendo a sus Líderes

Si usted examina la Palabra de Dios de principio a fin, usted verá que Dios repetidas veces utiliza a hombres y mujeres para hacer cumplir Su voluntad. Nos gusta pensar que siendo que todos somos hechos reyes y sacerdotes en Cristo, ya no necesitamos más a los líderes. Eso no está para debatirse.

El apóstol Pablo estableció claramente: *"Más ahora Dios ha colocado los miembros cada uno de ellos en el cuerpo, como Él quiso"* (1ra Corintios 12:18). El contexto de esta declaración deja en claro que Pablo estaba contestando quejas y preocupaciones acerca de los dones y el rango del liderazgo en la iglesia local. La Biblia también nos ordena obedecer a los que están en autoridad sobre nosotros, incluyendo nuestros líderes de la iglesia, aunque ninguno de ellos sea perfecto (Véase Romanos 13:1–3).

El libro de Hebreos nos dice: *"Obedezcan a sus dirigentes y sométanse a ellos, pues cuidan de ustedes como quienes tienen que rendir cuentas. Obedézcanlos a fin de que ellos cumplan su trabajo con alegría y sin quejarse, pues el quejarse no les trae ningún provecho"*

(Hebreos 13:17, NVI). La iglesia no fue creada para gobernar por mayoría de votos.

Muchas personas tienen un serio problema cuando alguien les dice que obedezcan a los líderes humanos. Ellos señalan a todos los líderes que han hecho mal uso y han abusado de su autoridad y confianza, y, yo admito que estas cosas suceden. Ciertamente no abogo para que usted se quede en una iglesia con un pastor que abusa de su poder. El pastor debe velar por las ovejas. No obstante, necesitamos comprender que si no nos sometemos, no estamos cubiertos espiritualmente. Aun Jesús se sometió al Padre.

David fue un hombre con el corazón de Dios, pero no hay manera que podamos llamarlo perfecto. La historia de la vida de David revela que él fue un mentiroso, un adúltero, un asesinó a sangre fría, un soldado profesional ampliamente temido, y un padre malísimo. Sin embargo, Dios lo escogió para dirigir a Israel y específicamente lo escogió para enviarnos a Jesucristo por medio del linaje de David.

Una Bendición y Una Maldición

Las últimas palabras proféticas que Dios pronunció en el Antiguo Testamento por medio de Malaquías fueron: *"No sea que yo venga y hiera la tierra con maldición"* (Malaquías 4:6). Se prometió una maldición si los corazones no cambiaban.

Este mundo ya está bajo maldición. Esto es evidente en nuestras estadísticas, las cuales van como espiral hacia abajo, con relación al divorcio, el aborto, el incesto, la violación, la violencia, la corrupción y el escándalo (aun en la iglesia). La más grande acusación de todas es que en la mayoría de los casos, usted no puede distinguir a los cristianos de los inconversos–somos todos iguales. Obtuvimos lo que pedimos.

Dos personas en el Antiguo Testamento representan perfectamente la naturaleza de la maldición y ambos eran miembros de la casa de David: Salomón y Absalón. Más adelante en su vida, Salomón se convirtió en un hombre amargado, a pesar de su sabiduría, él falló en prepararse para el futuro:

> *Asimismo aborrecí todo mi trabajo que había hecho debajo del sol, el cual tendré que dejar a otro que vendrá después de mí. Y ¿quién sabe si será sabio o necio el que se enseñoreará de todo mi trabajo en que yo me afané y en que ocupé debajo del sol mi sabiduría? Esto también es vanidad. Volvió, por tanto, a desesperanzarse mi corazón acerca de todo el trabajo en que me afané, y en que había ocupado debajo del sol mi sabiduría. ¡Qué el hombre trabaje con sabiduría, y con ciencia y con rectitud, y que haya de dar su hacienda a hombre que nunca trabajó en ello! También eso es vanidad y mal grande.* (Eclesiastés 2:18–21)

De acuerdo con Dios, si usted no ha preparado a alguien para que tome su corazón y su herencia, usted ha criado hijos (sean naturales o espirituales) en vano. Salomón fue el hombre más sabio que jamás haya vivido–aun Jesús testificó de eso. Él era el hombre más sabio y rico en el mundo, sin embargo, al final de su vida escribió: "Todo es vanidad pues tengo que dejarle todo lo que tengo a mis hijos que no tienen mi corazón. Puede que ellos pierdan lo que yo adquirí".

La Maldición se Detiene aquí Mismo

Nosotros deberíamos estar preparando una generación para el futuro, o llegaremos al ocaso de nuestras vidas y encontraremos que todo lo que hemos hecho ha sido en vano. Muchos de nosotros somos flechas desperdigadas que fuimos forzados a comenzar todo de nuevo. "Mi abuela no tuvo dinero, mi mamá no tuvo dinero, y así estoy yo. Mi abuela se divorció, mi mamá se divorció, así lo hice yo". ¡Espere! De alguna manera, en alguna parte, alguien de la línea sanguínea tiene que levantarse en Cristo y decir: "¡Basta ya¡ ¡La maldición se detiene aquí mismo y aquí mismo es donde la bendición de Dios empieza!"

La mayoría de nosotros en el cuerpo de Cristo estamos perdiendo terreno porque no entendemos que Dios va de fe en fe y de gloria en gloria (Véase Romanos 1:17; 2da Corintios 3:18). Podemos cantar sobre ello, pero no podemos caminar en ello. Podemos gritar sobre ello, pero no podemos vivirlo.

Dios no quiere que nosotros empecemos en cada generación. Él quiere edificar la línea sanguínea sobre la línea sanguínea, de generación a generación. Esto se aplica a su familia, y se aplica a la familia de Dios también. Cada vez que tratamos de

> *Me ha sido dado un nombre para utilizarlo, y ese es el nombre de Jesús.*

tomar un atajo o encontrar una manera más fácil, nosotros mismos interrumpimos las bendiciones de Dios y heredamos la maldición de Absalón.

La Maldición de Absalón

Absalón fue uno de los mejores hijos de David. Parecía que él poseía más habilidad de liderazgo natural que Salomón. Si Absalón no hubiera sido tan rebelde, él pudo haber sido el escogido para hacer lo que Salomón eventualmente hizo. Absalón tenía mucho carisma, confianza y poder al punto que fue capaz de poner a casi toda una nación contra su padre, el rey David. ¡Ese hombre sí que era poderoso! Pero en vez de heredar el corazón de su padre escogió envidiar la posición y el poder de su padre. Eventualmente, él casi tuvo éxito en usurpar el trono de su padre, pero al final murió como todo rebelde, suspendido entre el cielo y la tierra.

Y en vida, Absalón había tomado y erigido una columna, la cual está en el valle del rey; porque había dicho: "Yo no tengo hijo que conserve la memoria de mi nombre. Y llamó aquella columna por su nombre, y así se ha llamado Columna de Absalón hasta hoy. (2ᵈᵃ Samuel 18:18)

Absalón no tenía hijos. Su vida fue estéril espiritualmente, físicamente e históricamente. El único monumento que dejó fue un vergonzoso legado de traición y rebelión que terminó en su muerte prematura. Absalón se separó de su padre y falló en procurarse un hijo, por lo que él falló en darle a alguien la capacidad de heredar su corazón. Absalón fue forzado a nombrar una cosa por medio de la que pudiera ser recordado, y, le dio su nombre al valle donde, irónicamente, llegó a ser el monumento eterno a su insensata rebelión en vez de a su inteligencia o poder.

Cuando tenemos que empezarlo todo de nuevo porque no hay herencia o transferencia generacional del corazón, nosotros somos forzados constantemente a poner nuestros nombres en cosas con la vana esperanza de que alguien nos recuerde después que nos hayamos ido. He contestado la pregunta. Mi éxito no tiene nada que hacer con hacer un nombre para mí mismo. Se me ha dado un nombre para utilizarlo, y ese nombre es Jesús. En cuanto a los hijos, soy un hombre rico. Tengo una iglesia llena de hijos e hijas y he sido bendecido con muchos hijos en mi propia casa también.

Ya he nombrado a mi sucesor para que continúe con la visión de la *New Birth Missionary Baptist Church* (Iglesia

Bautista Misionera el Nuevo Nacimiento) si dejara mi asignación antes de tiempo. Cuando yo muera, si Jesús no ha venido, mi sucesor tomará las riendas y tendrá el mismo espíritu y la misma visión que yo tengo, por lo que se esperará de él que lleve a las personas a otro nivel. Ese el secreto de la herencia del corazón. Vemos de la manera que Jesús nos transfirió Su llamamiento, Su unción y Su Espíritu. Él espera que tomemos lo que Él nos dio para llevarlo otro nivel. Jesús nos dio un cuadro perfecto de la herencia fundamental del corazón cuando dijo:

> *De cierto, de cierto os digo: El que en Mí cree, las obras que Yo hago, él las hará también; y aun mayores hará, porque Yo voy al Padre. Y todo lo que pidiereis al Padre en Mi nombre, lo haré, para que el Padre sea glorificado en el Hijo.*
>
> (Juan 14:12–13)

No estoy aquí solamente para jugar. Cuando yo muera, el diablo tendrá que contender aun con mis bisnietos, quienes serán mejores que yo en el reino espiritual. Así que, si yo le estoy dando al diablo un poco de problema hoy, luego que le toque su momento a mi tataranieta, él realmente va a temblar.

> *Nuestro Dios es un Dios de generaciones: El Dios de Abraham, Isaac y Jacob.*

La Pérdida de la Herencia es una Maldición

La maldición de Absalón es la misma maldición que se describe en Malaquías 4:6. Cuando un hijo falla en volver su corazón hacia su padre, o cuando el padre falla en volver su corazón hacia su hijo, una maldición desciende sobre ellos.

Esta maldición está afectando a todos nosotros en el cuerpo de Cristo porque un padre [o madre] falla en entender y honrar la importancia de la herencia de los santos.

La maldición de Absalón debe ser destruida, pero eso presenta un problema para los "santos instantáneos" porque esto no será destruido en un día o aun en una generación. Podemos comenzar a procesar su destrucción desde hoy, pero siendo que hemos permitido que la maldición alcance un tamaño de diluvio sobre cientos de generaciones, ello tomará personas con larga visión que voluntariamente revisen las planicies del diluvio en el Jordán y mueran una vez más. La cura para la maldición generacional es una transferencia piadosa, una herencia trans-generacional del corazón.

Nuestro Dios es un Dios de generaciones. Es por eso que Él se llama a Sí mismo el Dios de Abraham, Isaac y Jacob. Él no se está dando un simple título, sino proveyendo una descripción de Sí mismo. Él está diciendo: "Todo lo que yo hago es generacional. Pero ustedes tienen que tomar el corazón y el espíritu de lo que estoy haciendo, y, el corazón y el espíritu del padre por medio de quien Yo estoy dirigiéndolo a usted".

El aspecto más mortal de la maldición de Absalón es que ella limita a cada generación a una simple vida de trabajo y obstaculiza a cualquiera de recoger lo que aquellos que vinieron antes aprendieron o lograron. El aspecto negativo de la maldición, tales como las enfermedades físicas y espirituales, discapacidades y pecados de debilitación crónica, pasan a través de la línea sanguínea. El problema de David con el adulterio y extremo apetito sexual pasó a varios de sus descendientes, incluyendo a Salomón. Pero Salomón también parece haber heredado de su padre el deseo por ver construida la casa de Dios.

¿Su Propia Visión o la Visión de Dios?

El espíritu de Absalón confunde a la iglesia con esta idea supuestamente espiritual de que las personas deben encontrar su propia visión. Superficialmente, esta declaración suena sólida y bíblica. Nos gusta parafrasearla y decírsele a otras personas: "Debemos encontrar el deseo para la originalidad y la creatividad. Debemos exigir nuestros derechos. Yo tengo derecho de lograr mi propia visión".

Jesús, por otro lado, tomó un proceder totalmente opuesto:

Respondió entonces Jesús, y les dijo: De cierto, de cierto os digo: No puede el Hijo hacer nada por sí mismo, sino lo que ve hacer al Padre; porque todo lo que el Padre hace, también lo hace el Hijo igualmente. Porque el Padre ama al Hijo, y le muestra todas las cosas que Él hace; y mayores obras que éstas le mostrará, de modo que vosotros os maravilléis. Porque como el Padre levanta a los muertos, y les da vida, así también el Hijo a los que quiere da vida. Porque el Padre a nadie juzga, sino que todo el juicio dio al Hijo, para que todos honren al Hijo como honran al Padre. El que no honra al Hijo, no honra al Padre que le envió. (Juan 5:19–23)

Escúcheme, pues no estoy diciendo: "No sean creativos". Lo que estoy diciendo es: "No sean creativos primero y luego verifiquen con Dios. Reciba la instrucción de Dios primero, y después libere su creatividad". Muchas veces utilizamos la creatividad como un sustituto de Dios.

Esto también aplica a los negocios del mundo. La mayoría de personas en los negocios cristianos tratan de ser creativos para vender más. Los empresarios del Espíritu Santo, por otro lado, primero se preguntan ellos mismos: "¿Por qué me puso

Dios en los negocios? ¿Cuál es el propósito de Dios y qué es lo que el Señor se propone que yo haga por medio de mi negocio?" Una vez que conozca las respuestas a estas preguntas, usted podrá ser verdaderamente creativo. Yo le garantizo que donde quiera que usted encuentre su propósito divino y labore dentro de lo que Dios ha establecido, usted ya no tendrá que ser tan creativo, porque Él ya ha creado el mercado y alineado a sus clientes. Él ya ha provisto la vía para cada uno de nosotros, sin embargo nosotros usurpamos la fórmula de Dios porque tratamos de ser mercaderes en vez de hijos guiados por el Espíritu de Dios (Véase Romanos 8:14).

El mismo principio se aplica a nuestros matrimonios, la vida de nuestra familia y nuestros ministerios. No trate de salvar estas cosas; regrese a la razón o la causa que los creó inicialmente. Una vez que usted tiene una idea por que Dios lo unió a usted con su esposa y le dio sus dos hijos adolescentes, el problema está en buen camino de ser resuelto.

¿Qué está haciendo Papá?

Jesús dijo: "No puedo hacer nada que no vea hacer a Mi Padre". Nuestros hijos deben hacer lo mismo y actuar de la misma manera. "Yo no hago una cosa que no vea hacer a mi Papá". Ese es un verdadero gobierno, pero no lo tenemos en nuestros hogares. Por eso es que nuestros hijos no respetan la autoridad. La actitud que Jesús tenía hacia Su Padre y de la manera que Él mismo se conducía es el mejor ejemplo de la próxima generación que toma el propósito de Dios a un nivel más alto.

Jesús llevó esto a lo que la mayoría de nosotros pensamos es un nivel extremo cuando Él dijo: *"No puedo hacer yo **nada** por mí mismo; según oigo, así juzgo; y mi juicio es justo, porque no* *busco mi voluntad, sino la voluntad del que me envió, la del Padre* (Juan 5:30, el énfasis fue añadido). Jesús estaba diciendo: "No tengo autoridad para hacer nada. No busco hacer mi propia voluntad. No llevo mi propia iniciativa".

Tome el Corazón por la Cabeza

Yo le digo a los miembros de mi congregación: "Ustedes son hijos e hijas en la iglesia y yo soy el padre". Yo no hago esto porque soy un egoísta; lo hago porque es bíblico. Muchas personas no quieren tratar con eso, pero está en la Biblia:

> *Obedeced a vuestros pastores, y sujetaos a ellos, porque ellos velan por vuestras almas, como quienes han de dar cuenta; para que lo hagan con alegría, y no quejándose, porque esto no es provechoso.* (Hebreos 13:17)

Cuando tomé por primera vez la posición del orden bíblico para la iglesia, oí a todos: "Suena como si le vamos a dar a alguien demasiado poder". "Suena como una secta". "Eso me suena como un espíritu controlador". "¿No estamos dándole demasiado de la soberanía de Dios aquí? ¿Dónde está nuestro libre albedrío?" "No puedo apoyar eso. Me gusta leer de Saúl, David y Moisés y de los tres millones y medio de israelitas que salieron con él. Seguro que ellos fueron obedientes por algún tiempo, pero yo no puedo hacer eso porque tuve una visión. Recibí algo que el Señor me dijo".

> *Si Dios le dio a usted una visión, usted solo no la puede cumplir mientras viva.*

Estas excusar y quejas resaltan una de áreas más peligrosas en cualquier iglesia establecida. El espíritu de Absalón se deleita en repetir su tema favorito–confrontación de los líderes jóvenes contra los líderes viejos en la iglesia. El liderazgo más joven no entiende que ellos tienen que obtener el corazón del liderazgo espiritual para poder prosperar.

Jesús, la Cabeza de la iglesia, el Pastor principal, planta Su visión para un cuerpo eclesial en el pastorado local de esa iglesia. Es esta visión, morando en el corazón de Su líder escogido, la cual está destinada a ir de generación en generación. Pero tal visión puede continuar solamente cuando se pasa en el orden piadoso de una generación a la siguiente mientras todos trabajan juntos para ver el sueño de Dios cumplido.

Si Dios le da una visión a usted, entonces usted debe saber que cualquier cosa que Dios le haya dicho, usted no podrá cumplirla solo mientras viva. Si lo logra, entonces esa no era una visión de Dios. Era una tarea o una misión breve. Las visiones verdaderas son trans-generacionales. Esto puede explicar el por qué usted pensó que estaba loco. Usted estaba tratando de imaginar cómo iba a lograr todo esto antes de morir, pero ahora usted sabe que la visión nunca fue dada para que usted sola la cumpliera mientras viva. La intención es que usted la comience y luego pase la visión de su corazón a alguien más bajo la dirección de Dios. Nombre a su sucesor. Déle su corazón. Hágale saber que él no tiene una visión aparte; él va a llevar a cabo algo de Dios que usted ya comenzó.

Cuarenta Años de Abortos

Incluso Satanás entiende el poder de la transferencia generacional. Todo lo que el diablo aprendió en una generación cuidadosamente lo pasa a la siguiente generación de humanos insensatos. Él continúa logrando grandes tinieblas y grandes números de adeptos, mientras los cristianos se mantienen abortando sus visiones después de cuarenta años, forzando a la siguiente generación a entrar en la guerra del Espíritu esencialmente sin preparación y mal equipados porque ellos tienen que continuamente empezarlo todo de nuevo. En todas las generaciones desde el Día de Pentecostés en Jerusalén, generación tras generación, la iglesia no ha cambiado mucho–a menos que usted mida nuestra increíble falta de poder, integridad, milagros y unidad.

El punto principal es este: Dios quiere que usted obtenga Su corazón para que usted puede pasárselo a sus hijos. Cuando hable con sus hijos (tanto espirituales como naturales) de sus experiencias en Cristo, no les pinte el cuadro con figuras de cómo usted vino de *allá* o de *acá*. La única manera en que usted puede darle toda la gloria a Dios es contar el lado malo de la historia también.

No trate de hacerles pensar que usted era una virgen antes de casarse, cuando usted sabe lo que pasó en el asiento trasero de un Volkswagen y la marca que eso le dejó. ¡Dígales que no valió la pena! ¡Dígales la verdad! Cuénteles por lo usted ha pasado para que ellos no tengan que sufrir la misma pena sin necesidad. Dígales lo que su abuela sabía y luego explíqueles cómo Dios ha obrado y lo que usted ha aprendido en el proceso. Luego obsérvelos, porque ellos necesitan ayuda.

No permita que su vida y sus errores sean en vano. Sus hijos–tanto naturales como espirituales en el cuerpo de Cristo–están supuesto a ser mejores que usted, pero esa voluntad solamente crecerá con un profundo entendimiento de cómo usted llegó hasta *aquí* desde *allá*.

Las personas–aun nuestros hijos–pueden relacionarse mejor con aquellos que son transparentes acerca de sus fallas y defectos. Deberíamos permitir que nuestros quebrantamientos y nuestras cicatrices se conviertan en testimonio visible del poder de Dios y la buena voluntad para liberarnos y transformarnos. Dios se deleita en utilizar personas quebrantadas para traer integridad y dar liberación a otros.

Él escogió a David, aunque él era un adúltero y asesino. Él escogió a Moisés para confrontar al Faraón aunque, él fue un asesino con serio impedimento en el habla. Él escogió a Pablo, aunque él era un fariseo altamente entrenado y de los perseguidores más dedicados de la iglesia primitiva. El problema con la gente de la iglesia es que muchos de nosotros buscamos otro Jesús en el púlpito. Yo soy rápido para dejarle saber a los míos un secreto: ¡Yo no soy Él!

Usted no Puede Manejar un Autobús sin las Llaves

Su iglesia nunca será lo que Dios la llamó a ser si los creyentes que están en sus cuarenta se hacen a un lado sin haber transferido sus corazones a la siguiente generación. Hoy en día, muchas grandes iglesias y poderosas obras en las ciudades de toda la nación están luchando por sobrevivir. ¿Por qué? Porque cuando los fundadores originales o padres de la iglesia murieron, ellos fallaron en pasar su visión, corazón y autoridad al sucesor. Un bueno y devoto pastor puede estar luchando por mantener el pastorado, pero si el "papá" que Dios puso cuarenta años atrás falló en pasar su manto y el corazón a este nuevo pastor, puede que el nuevo líder esté tratando de manejar el autobús sin las llaves, gasolina o un mapa del camino.

> *En tiempos de necesidad, Dios envía hombres ordinarios con una visión extraordinaria.*

En tiempos de necesidad, Dios enviará hombres ordinarios dotados con visión extraordinaria. Si Cristo no viene antes, esa visión será demasiado grande para que la cumplan ellos por su propia cuenta o aun mientras vivan. Dios quiere que nosotros honremos Su soberanía y confiemos en Su capacidad para usar hombres imperfectos y ordinarios como líderes.

Finalmente, entender que cuando Dios envía a tales líderes a una generación, Él no espera que esos líderes cumplan Su voluntad cuando ellos están acorralados con cientos de llaneros solitarios que piensan que ellos poseen una visión de igual importancia que la visión del líder. Esto nos lleva de regreso al adagio, *demasiados cucharas agrian el caldo*. Pablo aclara que nosotros no escogemos qué parte del cuerpo ocuparemos en la iglesia; es Dios quien nos pone en el lugar que a Él le place (Véase 1ra Corintios 12:14–18).

El más grande testimonio de la *New Birth Missionary Baptist Church* (Iglesia Bautista Misionera el Nuevo Nacimiento) vendrá después que yo muera. Esta iglesia está supuesta a elevarse y lograr en el futuro cosas mucho más grandes que las que hemos logrado en la actualidad, y, se dará porque más de veinticinco mil granos de trigo cayeron en tierra fértil y murieron a sus propias visiones, tomando la visión de Dios como suya propia. Todo lo que he aprendido y experimentado demuestra que Dios entrega Su visión para las iglesias y ministerios locales por medio del don ministerial que Él puso a la cabeza.

Un Padre Espiritual lo Lanza al Futuro

En su primera carta a los Corintios, Pablo habló fuertemente acerca de la existencia e importancia de los padres espirituales. De hecho, el ministerio de Pablo siguió viviendo mucho después que él murió debido a sus hijos espirituales:

> *Porque aunque tengáis diez mil ayos en Cristo, no tendréis muchos padres; pues en Cristo Jesús yo os engendré por medio del evangelio. Por tanto, os ruego que me imitéis. Por esto mismo os he enviado a Timoteo, que es mi hijo amado y fiel en el Señor, el cual os recordará mi proceder en Cristo, de la manera que enseño en todas partes y en todas las iglesias.* (1ra Corintios 4:15–17)

Un padre es uno a quien Dios soberanamente escoge para pasar su corazón y legado espiritual a usted como una herencia divina para el futuro. Un padre lo lanza a usted al futuro como una flecha de la unción, poder y propósito de Dios, llevando en su corazón la obediencia acumulada de muchas generaciones.

Soy firme creyente en el sacerdocio de todos los creyentes y en la obra terminada de Jesucristo en la cruz. Ningún hombre puede salvarnos, pero es la decisión de Dios que un hombre nos guíe–y Dios no pide con anticipación nuestra opinión acerca de ese hombre. El someterse a los líderes humanos conlleva una mayor confianza y fe en Dios, especialmente si sabemos que son imperfectos igual que nosotros lo somos. Sin embargo, al final todo se condensa en una pregunta: ¿Es Dios verdaderamente Dios, o no lo es?

> **A medida que usted responde a la visión, otras iglesias y líderes se levantarán.**

Dios está diciéndonos, individualmente: "No morirán más generaciones tras generaciones, pues ustedes irán de fe en fe, de gloria en gloria". ¡Puede que su abuela no tuviera dinero, y, puede que usted no tenga mucho dinero, pero usted va a criar una generación que va a abrir las puertas para pagarlo todo! Hay un sonido que sale de un pueblo santo que está preñado con propósito. Hay una visión en la casa de Dios, visión que está destinada a hacer eco por medio de las multitudes de voces de los muchos miembros de la iglesia. Nada puede hacerlos volver atrás. Oigo un grito de guerra de Dios.

LLÉVELO A OTRO NIVEL

Como Obispo y como Pastor principal de *New Birth* (Nuevo Nacimiento), Dios me ha dado la visión y la habilidad para derribar al enemigo en ciertas áreas. Pero la visión que Él me dio jamás pasará e impactará a la comunidad de Atlanta metropolitana o el mundo hasta que el ejército de pajes que Dios asignó a Nuevo Nacimiento se levante con las espadas en sus manos. A medida que el pueblo de Dios se levante para el desafío, también otros líderes e iglesias se levantarán con nuevo valor y visión. Nosotros ya hemos visto esto cumplirse hasta cierto punto, pero estamos determinados a llevarlo a otro nivel.

Uno de los más grandes desafíos en el cuerpo de Cristo hoy en día, es nuestra escasez de "papás" espirituales. ¿Dónde están ellos? ¿Quién se está tomando el tiempo para criar hijos e hijas y enseñarles de verdad? ¿Quién realmente entiende la sucesión generacional? Yo estoy convencido que cada líder de la iglesia y cada congregación local que se compromete a la tarea de levantar papás será autorizada y equipada por Dios para tomar posesión y hacer una diferencia más duradera en sus comunidades. La iglesia llena de padres espirituales ungidos (y por consiguiente, madres también) será echada de menos si tuvieran que salir de esa área.

Proyecto "Destino"

Aun antes de que yo comenzara a desarrollar hijos espirituales que naturalmente hicieran lo que ellos vieron a "papá" hacer, fue inevitable que nuestra iglesia hiciera oleaje piadoso en nuestra área local, en Atlanta, y, más tarde por todo el estado de Georgia y la nación. Pero todo comenzó con los hijos.

Ya he mencionado mi convicción de que casi cada problema mayor en la sociedad y la iglesia pueden ser trazados al hombre. Como una extensión natural de esta convicción y de mi pasión por la juventud, el Señor me dirigió a establecer un ministerio de diversión juvenil sin fines de lucro llamado *Proyecto "Destino"*. Empezó en pequeña escala al yo obedecer la dirección del Señor e ir ante el sistema de judicial a pedir la custodia de los jóvenes que por primera vez habían cometido delitos, quienes habían sido condenados por crímenes no violentos. Sugerimos a las cortes que en vez de enviar estos jóvenes a prisión, les dieran la opción de entrar al *Proyecto Destino.*

Nosotros sabemos lo que también las cortes saben–el sistema penitenciario no funciona como un sistema de rehabilitación. También nosotros entendimos que solo Jesucristo y la Palabra de Dios pueden cambiar permanentemente e impactar las vidas de estos jóvenes para el Reino. Nosotros notamos que un chico puede ir al sistema penitenciario como un ladrón de tiendas y salir seis o doce meses más tarde como roba-bancos bien entrenado e incluso un endurecido asesino.

Nuestra meta era traer a estos jóvenes en riesgo y decirles que ellos tienen un destino. Nosotros les decimos: "Dios lo tiene a usted aquí por una razón y un motivo. Ustedes nacieron para un propósito y nacieron para ser unos solucionadores de problemas. Dios le ha creado para resolver algún problema que haya afuera y solamente usted puede resolverlo. Usted es así de importante para el reino de Dios".

De ahí en adelante hubo una cantidad programas seculares y eclesiales que asesoraban a jóvenes con problemas con la esperanza de que cambiaran sus vidas. El problema estaba que tan pronto cumplían con su tiempo para estar con estos mentores adultos, los jóvenes eran enviados una vez más a la familia infernal de la que salieron. Yo sabía que esto tenía que cambiar, puesto que nuestro programa estaba diseñado no sólo para el hijo, sino para la familia entera. Cuando le ofrecemos a joven sacarlo del sistema judicial, requerimos que los padres participen en el programa también. Esto incluye sesiones de consejería, clases y todo lo demás que involucra el programa. Ahora bien, nosotros no solamente hablamos de salvar a un hijo, estamos hablando de salvar la familia–y a su vez, de salvar las generaciones que seguirán.

Cada miembro de la familia siendo considerada para participar en el *Proyecto Destino* debe firmar un pacto estableciendo que ellos entienden el por qué están allí y a cuántas sesiones deben asistir. Si ellos no quieren comprometerse con el pacto, entonces ellos tienen la oportunidad de escoger el sistema penitenciario. Si ellos fallan en honrar el acuerdo pactado, ellos entienden que el delincuente será inmediatamente regresado a la custodia de la corte o al sistema penitenciario para cumplir con la sentencia original. Hacemos una gran celebración para cada uno de los que se gradúan al final del programa. Hasta ahora hemos tenido un 89 por ciento de éxito, aunque estamos creyendo en Dios para logra un 100 por ciento de éxito.

El Corazón de Dios para Nuestra Comunidad

El problema más común que enfrentamos en este programa es que los padres no pueden llegar a *New Birth* (Nuevo

Nacimiento) con su hijo. Por lo que compramos dos busetas especialmente para el *Proyecto Destino* para poder recoger a los chicos junto con los padres que no tienen transporte para llegar hasta allá. Hacemos lo que tenemos que hacer porque es una prioridad en el corazón de Dios para nuestra comunidad. Nuestro objetivo es no reclutar a estas familias como miembros de la *New Birth Missionary Baptist Church* (Iglesia Bautista Misionera el Nuevo Nacimiento); sino enseñarles a estas familias en riesgo los principios del cambio de vida en el reino de Dios.

Por supuesto, con el tiempo muchas de estas familias se unen a la iglesia, pero nuestra meta principal es asegurarnos que ellos entienden cómo ellos encajan en el reino de Dios. Queremos que ellos salgan conociendo su propósito divino en Dios, sabiendo que ellos nacieron por una razón, y que ellos no deben desperdiciar su tiempo en esta vida en búsqueda de cosas sin importancia.

> *Mantendremos la luz encendida. No dejaremos que se apague.*

Muchas de estas familias están rotas o son disfuncionales con sólo un padre [o madre] en el hogar. Sin embargo, estamos tan convencidos de que tanto el quebrantamiento como la sanidad comienzan con el hombre de la casa, y si el hombre de la casa no está por causa de divorcio, separación o abandono total, nosotros tratamos de encontrarlo. Muchas veces somos capaces de convencer a estos padres perdidos a que también participen en el programa, algunas veces junto con sus ex esposas y el padrastro del joven.

El programa se ha convertido en un programa nacional con oficinas generales en Ontario, California. Yo funjo como presidente de la junta nacional de consejería del *Proyecto Destino*, y cuando *New Birth* (Nuevo Nacimiento) donó quinientos mil dólares como una beca de desafío al proyecto, eso pasó a primera plana del *Atlanta Journal-Constitution* y otros periódicos en todo el país. Estamos absolutamente comprometidos con nuestra juventud porque ellos son una enorme prioridad con Dios. Esta área ha dominado nuestro presupuesto casi todos los años desde que he estado en *New Birth* (Nuevo Nacimiento), y como resultado, no tenemos carestía de hijos e hijas espirituales.

Marchando

El Dr. Martin Luther King, hijo, dirigió la marcha de nuestros padres y madres para que retomaran la dignidad, la libertad y el dominio de su generación. Recientemente, tomamos la antorcha de su tumba y una vez más la llevamos por toda Atlanta. Al hacerlo así, nosotros estábamos proclamando más que una simple unidad y tenacidad de nuestras intenciones. Estábamos uniendo nuestros corazones con los que ya partieron de esta vida antes que nosotros en el tiempo, uniendo nuestro propósito con el pasado y llevándolo en alto hasta el presente.

Mantendremos la luz encendida y brillando en nuestra generación. No dejaremos que se apague. Y, además, nosotros la pasaremos cuando nuestra marcha está completada y nuestro tiempo haya culminado. La luz de la libertad, moralidad, verdad y poder no se apagará. Esa es nuestra solemne declaración y no seremos detenidos.

CAPÍTULO 5

UN MANDATO PARA LA IGLESIA

Los propósitos de Dios marchan hacia nuestro destino colectivo a través del desierto de esta oscuridad. Cuando nuestros pasos avanzan en Él, el dominio de Dios es revelado en la tierra. Pero muyo a menudo este asignado ejército del destino se sale de sus rangos y se deteriora en una caótica masa de confusión a medida que cada soldado marcha al compás de sus propios propósitos y planes.

Dios está marchando por toda la tierra, pero, lamentablemente, muchos no se dan cuenta que Él va marchando justo al lado de ellos. Mientras que nosotros, como parte de los muchos miembros de la iglesia, argumentamos y peleamos entre nosotros mismos por cada punto y opinión insignificantes, hemos fallado en notar que Dios ha dejado atrás a nuestros grupos fracturados. Él ya marcha hacia adelante.

Algunos continúan marchando; nosotros estamos en una misión, siguiendo hacia delante para cumplir nuestro destino en el propósito de Dios. Dios mismo está diciendo: "Basta ya. El cumplimiento de los tiempos es ahora, y Yo estoy listo para revelarme a Mí mismo como nunca antes".

¿Dónde está usted? ¿Está usted marchando hacia delante con Dios, haciendo brillar la luz del Evangelio en una era en tinieblas? ¿O ha sido acechado, distraído y predica un evangelio de hipocresía?

Un Evangelio de Hipocresía

La iglesia de hoy ha convertido el Evangelio en tan irreal que ha provocado que muchas personas tropiecen y caigan en vez de levantarse. Cuando digo irreal, me estoy refiriendo a nuestro evangelio moderno de hipocresía. El mundo fuera de las paredes de nuestra iglesia observa a los cristianos como a santos hipócritas que predican un evangelio plástico de "cosas que hacer y no hacer". El mundo nos observa de esta manera porque el evangelio que nosotros predicamos parece no tener nada que ver con las realidades difíciles de la vida mezclada con las complejidades de nuestra debilidad humana. Podríamos usar una buena dosis de honestidad en nuestro trato con los que no son cristianos.

Yo estoy cansado de jugar a la iglesia, como lo está Dios. No estoy cansado de adorar al Señor. No estoy cansado de escuchar y leer la Palabra de Dios. No estoy cansado del pueblo de Dios. No estoy cansado de testificar y ministrar a los perdidos y a los afligidos. Lo que me cansa es lo que hace el hombre, lo dominado por el hombre, la fachada centrada en el hombre fingiendo ser "la verdadera iglesia".

Jesús mismo definió la verdadera iglesia en el sentido local cuando dijo: *"Porque donde están dos o tres congregados en mi nombre, allí estoy yo en medio de ellos"* (Mateo 18:20). Sin embargo, he estado en muchas iglesias en cuyos servicios no había espacio o tiempo asignado en la agenda para que Jesús se manifestara.

Tengo una pasión que me quema para ver a Dios aquí–en medio de nosotros–cuando nos reunimos en Su nombre.

Desafortunadamente, enfrentamos un gran problema que todavía no hemos sobrellevado. Una cantidad de personas cree que el diablo nos detiene de ver a Dios. Otros dicen que la atmósfera de nuestra época nos mantiene separados de la presencia tangible de Dios. En verdad, no es el diablo o cualquier otra fuerza externa. ¡Nuestro más grande problema está en nosotros! Hemos vuelto tan complicado el Evangelio con las normas creadas, regulaciones e hipocresía por el hombre que hemos impedido la morada de Dios.

Lo mejor que hemos visto en este punto de la historia de la iglesia es solamente una visita. Agradezco a Dios por eso, ¡pero necesitamos experimentar una *sobrecogedora morada* de Dios en nosotros! La iglesia ha sido su peor enemiga. Nuestros problemas han sido perpet-

> *Necesitamos experimentar una sobrecogedora morada de Dios en nosotros.*

uados por ignorancia, desobediencia y egoísmo, y, se han multiplicado de generación en generación.

Líderes Nombrados por el Hombre

El paisaje de la iglesia estadounidense se ha contaminado con reyes nombrados por el hombre y el remanente artificial de reinos fracturados y carnales. Hemos retrocedido en todos nuestros caminos hasta los días de Israel, cuando ellos pidieron a Dios un rey. El dolor que sentimos es el dolor que nos hemos impuesto nosotros mismos, pero hay un mejor camino.

Permítame explicarle. La iglesia de hoy es como los israelitas, quienes estaban cansados del gobierno de Dios y Sus líderes escogidos, especialmente cuando aquellos líderes fallaron en producir hijos piadosos que traspasaran la herencia de Dios a la siguiente generación. El pueblo decidió que querían el liderazgo más visible de los reyes carnales.

> *Aconteció que habiendo Samuel envejecido, puso a sus hijos por jueces sobre Israel. Y el nombre de su hijo primogénito fue Joel, y el nombre del segundo, Abías, y eran jueces en Berseba. Pero no anduvieron los hijos por los caminos de su padre, antes se volvieron tras la avaricia, dejándose sobornar y pervirtiendo el derecho. Entonces todos los ancianos de Israel se juntaron, y vinieron a Ramá para ver a Samuel, y le dijeron: He aquí tú has envejecido, y tus hijos no andan en tus caminos, por tanto, constitúyenos ahora un rey que nos juzgue, como tienen todas las naciones".*
>
> (1ra Samuel 8:1–5)

En la última etapa de la vida y ministerio de Samuel como juez de Israel, los ancianos de la nación tuvieron una reunión cumbre y le dieron a Samuel tres razones para que les escogiera un rey en vez del juez nombrado por Dios. La primera razón: "'Tú has envejecido' y es tiempo que dejes tu cargo". Segunda razón: "'Tus hijos no andan en tus caminos'; ellos no tienen tu corazón. Tu fuiste un juez bueno y justo, pero los hijos que tú esperas que hereden el reino se han entregado al pecado. No queremos tener parte con ellos". Tercera razón: "Queremos ser como todas las otras naciones y tener reyes".

PAGANDO EL PRECIO

Dios dejó en claro que los israelitas estaban rechazándolo a Él, no a Samuel. Pero la negligencia de Samuel como padre contribuyó al problema. Dios le dijo a Samuel que le dijera a Israel: "Está bien, ustedes pueden tener un rey. Ustedes pueden tener lo que desean". Pero quizás Él reflexionó: *Se pensaría que este pueblo aprendió algo con el maná en el desierto.* Samuel obedeció las instrucciones de Dios y con anticipación le advirtió al pueblo acerca de la conducta del rey que escogerían, pero no le quisieron oír.

La respuesta de los ancianos suena extrañamente familiar–especialmente la última parte de la respuesta: *"No, sino que habrá rey sobre nosotros, y nosotros seremos también como todas las naciones, nuestro rey nos gobernará, y saldrá delante de nosotros, y hará nuestras guerras* (1ra Samuel 8:19–20).

El pueblo escogió seguir a un rey, y, Dios les dio a Saúl. Creo que Dios contestó al pie de la letra la petición del pueblo al escoger a Saúl de acuerdo al criterio de tener lo que "todas las otras naciones tenían". Saúl era alto, moreno, y apuesto. Él era articulado y poderoso en aspecto y en hechos.

No debería asombrarnos cuando el cuerpo de Cristo se congrega alrededor de evangelistas y otros líderes que parecen espirituales y majestuosos. Algunos de estos líderes son tan agradables en lo interior como en lo exterior, pero a menudo la apariencia externa y el encanto personal no tiene nada que ver con el carácter piadoso. El problema es que a la may-

> *Dios nos recompensa públicamente de acuerdo a nuestras vidas y hechos privados.*

oría de las personas no les importa, y estoy hablando tanto de gente de la iglesia como también de los no creyentes. Ellos están demasiado sumergidos en el carisma y los eventos emocionantes que ven desplegarse bajo las luces de la televisión– de la misma manera que Israel estaba demasiado emocionado con la elección de Saúl–como para considerar lo que significaba para ellos los dolorosos años que tenían por delante.

Conforme al Corazón de Dios

La iglesia está descubriendo los que Israel aprendió al aceptar apresuradamente líderes magnéticos que no han sido probados por el proceso de madurez de Dios. Muy a menudo fallamos en ver los corazones y vidas de nuestros líderes. Debemos recordar que Dios nos recompensa públicamente sólo de acuerdo a nuestras vidas y hechos privados.

Cualquiera puede hacer una presentación momentánea, pero para caminar en santidad e intimidad pasando tiempo privado con Dios día tras día, requiere de un hombre devoto–ya sea que parezca un modelo o que tenga la cabeza calva, fornido o con piernas flacas y arqueadas. No le tomó mucho tiempo a Saúl exponer la verdadera naturaleza de su corazón, y llegó el día cuando el profeta de Dios fue enviado a confrontar al insensato rey de Israel:

> *La manera en que Dios edifica Su reino es por medio de la herencia del corazón.*

Entonces Samuel dijo a Saúl: Locamente has hecho; no guardaste el mandamiento de Jehová tu Dios que Él te había ordenado; pues ahora Jehová hubiera confirmado tu reino sobre Israel para siempre. Más ahora tu reino no será duradero. Jehová se ha buscado un varón conforme a Su corazón.

(1ra Samuel 13:13–14)

Dios quería establecer para siempre Su reino sobre Israel, pero solo podía realizarse de una manera–a la manera de Dios. Dios está buscando hombres y mujeres que sean conforme a Su corazón, y lo que estoy llamado a decir en este capítulo es el núcleo de este libro. Esto puede sonar revolucionario para algunas personas, pero es la manera sencilla en que Dios edifica Su reino–por medio de la herencia del corazón.

Saúl tenía cuarenta años cuando fue escogido, y él tenía todo a su favor. Sin embargo, desde el principio él demostró ser un gobernante débil con temperamento acalorado que tenía tendencias depresivas y pensamientos asesinos. Tal fue el rey que el pueblo escogió. (Digo que el pueblo "escogió" a Saúl porque aunque Samuel les previno de la conducta del rey, ellos decidieron tener un rey a como diera lugar. Saúl sencillamente cumplió la advertencia profética de Samuel). Nosotros vivimos en una nación y puede que incluso seamos parte del cuerpo de alguna iglesia local que está siendo dirigida por hombres y mujeres–con sistemas de gobierno centrados por el hombre–a quien el pueblo escogió.

En contraste, David nació diez años después de que Saúl llegara a ser rey, mas él representaba la manera de Dios–Dios dijo que él era un hombre conforme a Su corazón. Yo creo que hemos perdido totalmente o rechazado este componente de edificación en el cuerpo de Cristo. Dios tiene un mandato soberano para el liderazgo de Su rebaño y esa orden se encuentra en la herencia del corazón. Solamente aquel que esté centrado y plantado en el corazón de Dios permanecerá.

La iglesia se ha convertido en el asesino de aquellos que tienen el corazón de Dios. En otras palabras, hemos escogido apegarnos al gobierno y liderazgo en nuestras iglesias que constantemente tratan de derribar y remover a los hombres y métodos que Dios ha escogido.

Hurgando los Oídos de los Santos en Guardería

Aunque nosotros somos los hijos de Dios, estamos pereciendo por causa de nuestra falta de sabiduría. Hay una cantidad de rebaño hambriento allá afuera. Con frecuencia voy a convenciones y conferencias cristianas y yo mismo me encuentro predicando algo de la Palabra de Dios que es totalmente opuesto a lo que alguien más está diciendo. Yo creo que la iglesia debió haberse graduado hace mucho tiempo de la clase de evangelio del "bendíceme". En palabras del apóstol Pablo:

> *Porque debiendo ser ya maestros, después de tanto tiempo, tenéis necesidad de que se os vuelva a enseñar cuáles son los primeros rudimentos de las palabras de Dios; y habéis llegado a ser tales que tenéis necesidad de leche, y no de alimento sólido. Y todo aquel que participa de la lecha es inexperto en la palabra de justicia, porque es niño; pero el alimento sólido es para los que han alcanzado madurez, para los que por el uso tienen los sentidos ejercitados en el discernimiento del bien y el mal.* (Hebreos 5:12–14)

Debemos golpear las puertas de Satanás y remediar los cuerpos y corazones rotos, pero estamos demasiado ocupados hurgando los oídos de los santos en guardería. Sin embargo, a cualquier parte que voy, la gente es tan receptiva que me doy cuenta que están hambrientas. Estas personas han estado hambrientas de carne desde hace mucho tiempo, y por razones que yo desconozco, sus padres y madres espirituales no los están alimentando con alimento sólido.

Lo extraño es que encuentro casi tantos pastores y predicadores que muestran el mismo tipo de hambre. Parece que ellos han estado trabajando para servir a Dios y a Su pueblo por años, pero han sido presionados para hacer las cosas "de la manera que ellos siempre las han hecho", porque si no les iría mal, pero muy en lo profundo ellos le dirán: "Escucho un sonido diferente". ¿Cómo sé de esto? No es difícil figurárselo.

Ni siquiera conlleva mucho discernimiento espiritual. Estas personas dan indicios reveladores, porque cuando ellos oyen la verdad, quedan con la boca abierta y sus ojos brillan de la emoción o se humedecen de las lágrimas. Realmente todos ellos necesitan la verdad.

Esta nación, al igual que el mundo entero, está clamando por la verdad, pero ellos no la encuentran en el lugar que nos gusta llamar "la iglesia". Como resultado, el mundo no cristiano y muchos de aquellos que asisten a nuestras iglesias siguen una cambiante mezcla de falsedades y mentiras. No obstante, hay un llamado, una voz, una palabra no hablada que Dios está susurrando en la parte más interna de las personas alrededor del mundo. Ellos no le pueden decir a usted de dónde viene o repetir palabra por palabra, pero cuando ellos escuchan que alguien se levanta y la proclama, ellos levantan sus cabezas y sienten que el corazón les late más fuerte.

Uno de mis queridos amigos y mi padre espiritual, el Dr. Mark Hanby, me dijo una vez: "¿Que pasaría si Dios te preguntara: 'Por qué hiciste estas cosas cuando Yo nunca te dije que las hicieras?'" Ese comentario tuvo un profundo impacto en mí y he descubierto que esto asusta a los pastores. ¿Por qué? Porque ellos saben que si Dios nunca se manifestó, los servicios en sus iglesias continuarían lo más bien sin Su presencia. ¿Qué le dice eso a usted acerca de la definición de Dios contra la definición del hombre acerca de la iglesia? Dios no se está manifestando en la mayoría de las iglesias estadounidenses.

¿Escucha Usted un Sonido Diferente?

Con frecuencia menciono la historia de Noé cuando estoy explicando este "sonido diferente" en la tierra. Estoy convencido que cuando Noé llenó el arca con los animales, solamente ciertos animales oyeron el llamado. Dios le instruyó a Noé que los trajera de dos en dos, por lo que Noé fue a los orgullosos leones más cercanos y los llamó, no todos ellos acudieron a su llamado. La mayoría de ellos lo miraron y luego lo ignoraron, pero dos de ellos oyeron el llamado del destino y levantaron sus cabezas. Talvez en ese mismo momento todos los animales que normalmente eran presas para los leones también respondieron a ese mismo llamado.

Podríamos pensar que las diferentes especies se pelearían, huirían y se comerían la una a la otra, como es normal en el orden de la tierra y la cadena de alimento natural. Pero esta vez un mandato diferente fue dado a esa parte del planeta. Hubo paz entre las especies porque

> *Debemos declarar la Palabra viva de Dios para así permitirle a Dios ser Dios con toda libertad.*

todos ellos estaban en el orden de Dios. El futuro de cada especie estaba en peligro. Todo fluía de acuerdo al orden más alto para lograr el propósito más elevado. Esta es una característica eterna del orden de Dios.

Hoy en día, Dios ha levantado a ciertos hombres y mujeres para proclamar la Palabra viva de Dios para esta hora. Por dondequiera que estos portavoces van, encuentran personas que levantan sus cabezas, aun cuando ellos participan en el orden normal de las cosas, y dicen: "Yo conozco esa voz. Yo la he oído antes". Miles están siendo atraídos al Maestro de acuerdo a un orden más elevado que a menudo desafía la existente orden del nombre. La orden existente que está siendo desafiada más a menudo es el orden del hombre en la institución a la que llamamos iglesia. Ha llegado el momento de romper los fundamentos de la ignorancia en el pueblo de Dios para así permitirle a Dios ser Dios con toda libertad.

Tenemos un peligroso hábito de leer la Biblia como si fuera un libro de cuentos de niños. Una vez que usted cierra la cubierta de un libro de cuentos, usted regresa al mundo real. La Palabra de Dios no es un libro de cuentos. Es la espada de Dios, cortante y de doble filo por una muy buena razón: Ella corta de ambos lados. Jesús nos hizo una advertencia porque la necesitamos y es tiempo de abrir el Libro otra vez y oír la Palabra del Señor:

> *[Jesús] les dijo: ¿Por qué también vosotros quebrantáis el mandamiento de Dios por vuestra tradición?... Así habéis invalidado el mandamiento de Dios por vuestra tradición. Hipócritas, bien profetizó de vosotros Isaías, cuando dijo: Este pueblo de labios me honra; más su corazón está lejos de mí. Pues en vano me honran, enseñando como doctrinas, mandamientos de hombres'.* (Mateo 15:3, 6–9)

Presentando un Evangelio Pervertido

La iglesia moderna se las ha ingeniado para presentar el Evangelio de una manera tan pervertida que nadie está realmente dispuesto a morir por él. Ese no es el caso de China, Pakistán y otras áreas incontables donde la persecución contra los cristianos es la norma. Jesús predicó el evangelio puro del Reino. Así lo hizo Pedro, Esteban y el apóstol Pablo. Cuando ellos predicaban el Evangelio, la gente reconocía el "sonido diferente" y levantaban sus cabezas, pensando: *Yo finalmente creo y no hay otro camino. Estoy listo y dispuesto a morir por esto. Es por esto que yo nací.*

Hemos suavizado el Evangelio para hacerlo más fácil para los amigos. Al hacerlo así hemos llegado a "pactar" con la homosexualidad, el aborto y cantidades de otros asuntos inmorales de los cuales la Palabra de Dios es clara; sin embargo, escogemos permanecer en silencio y no hacemos nada. Ante los ojos de Dios somos culpables de "ayudar e inducir" cuando permanecemos en silencio mientras Dios nos ordena: "¡Hablen!".

La iglesia ha fracasado en formar los líderes políticos o hacer casi nada para impactar sus ciudades. Estamos interesados en ir a la iglesia e irnos a casa. Por consiguiente, el nivel de compromiso de los santos es muy bajo. Con todo, el Espíritu Santo llama a los corazones: "Salgamos a las calles para que podamos suplir las necesidades. Alimentemos a los pobres cada fin de semana. Plantemos una iglesia en el área céntrica de la ciudad para de esta manera llevar la luz de Dios a la oscuridad". Él recibe la respuesta: "Oh, sí. Hagamos eso. Yo lo haría si me puedo quedar dentro de mi cultura".

Nos falta la tenacidad de nuestros ancestros cuando desafiaban la persecución pública y el encarcelamiento para levantarse por lo que ellos creían. Hoy, la mayoría del rebaño mira el evangelio de Jesucristo como un "herramienta opcional"– otra cosa más para mejorar a la sociedad. Nosotros los ministros debemos aceptar algo de la misma culpa porque gran parte del problema está en la presentación. Yo creo que Dios está enojado con nosotros. Él dijo por medio del profeta Isaías:

> *Por amor de mi nombre diferiré mi ira, y para alabanza mía*
> *la reprimiré para no destruirte. He aquí te he purificado, y*

Debemos estar dispuestos a servir para que así Dios se manifieste porque Él está complacido.

no como a plata; te he escogido en horno de aflicción. Por mí,
por amor de mi mismo lo haré, para que no sea amancillado
mi nombre, y mi honra no la daré a otro. (Isaías 48:9–11)

Recientemente miré directamente a las cámaras de televisión que difunden nuestro ministerio a la nación y al mundo y dije: "En muchas iglesias Dios se deja sentir sólo por causa de Su nombre. Hemos puesto Su nombre en juego porque lo hemos representado mal. Si Él no se manifiesta, el pueblo no creería que Él es Dios".

Dios no tendría que dejarse ver en nuestras iglesias solamente para defenderse a Sí mismo debido a nuestra mala representación. Esa es la manera del "desorden de la iglesia". Deberíamos estar tan dedicados y dispuestos a servirle a Él para que así Dios se manifieste porque Él está complacido.

¿Cómo llegamos a este estado? ¿Cómo es que nos encontramos desagradando a Dios, quien es nuestro todo y en todo? En gran manera, esto se debe a la falta de madurez espiritual. Nos hemos rehusado a ser sanados de las heridas del pasado y movernos al llamado supremo de Cristo Jesús. Nuestra inmadurez ha provocado que nuestras generaciones lleguen a ser débiles y estériles.

Los Problemas Comienzan en Casa

Yo creo que el destino de todo el cuerpo de la iglesia local depende de su buena voluntad para escuchar esta palabra (de mí o de cualquier otro) y actuar después de haberla escuchado. Esta es una palabra muy dura, pero no ofrezco disculpas. Es una palabra dura para los hombres, y es una palabra de liberación para las mujeres de hoy. Es una palabra de esperanza para los hijos y una palabra de destino para la familia. Es una palabra de poder para la iglesia en una época de confrontación contra los poderes de las tinieblas. Un antiguo proverbio ghanés declara: "La ruina de una nación comienza en los hogares de su pueblo".

El cáncer no empieza en la Casa Blanca o en el Congreso. ¿Por qué no? Las personas que ocupan esos lugares y los que votaron para ponerlos en esos cargos, todos salieron de los hogares. No importa qué problema usted nombra o qué crimen usted señala, yo le garantizo que de alguna manera y de algún modo provino del hogar. Donde estamos como nación y donde estamos como iglesia, germinó en nuestros hogares.

Sin haber sido completamente sanados, engendramos generaciones subsiguientes de hijos a los que hemos criado sin haber madurado nosotros mismos. El resultado de esta inmadurez sistemática ha sido desastroso.

Nunca olvidaré el personaje llamado *Jenny* en la película *Forrest Gump*. El personaje central, Forrest Gump, era un hombre que venció muchos obstáculos para vivir una vida maravillosa. Jenny era la amiga íntima de Forrest desde la niñez y el único verdadero amor de su vida. Sin embargo, muy pocas personas realmente recuerdan el personaje de Jenny porque ellos estaban muy sumergidos en Forrest. Jenny venía de un hogar de abuso. Ella fue abusada por su padre y con el tiempo ella fue capaz de huir del hogar, pero la mayor parte del daño a su vida ya había sido hecho.

Si usted se enfoca en el personaje de Jenny, usted verá que en el resto de la película ella estaba tratando de expulsar el dolor que sufrió en el hogar de su niñez. Jenny pasó de una relación abusiva a otra; ella se vio envuelta en drogas y todo lo demás que vino a lo largo de su vida mientras trataba de encontrarse así misma. Este patrón de auto-destrucción compulsiva continuó hasta que murió a edad temprana después de contraer SIDA.

Muchos de nosotros dejamos el hogar hace mucho tiempo, pero estamos aun tratando de resolver [o vencer] el dolor que sufrimos allí. Hemos orado por liberación de nuestras barreras, del abuso verbal y mental, del abuso físico y sexual, de la pobreza crónica, o de la falta de estímulo y amor. Todas estas cosas pueden ser trazadas directamente hasta nuestros primeros días en el hogar.

Es en el hogar donde Satanás planta la bomba de tiempo en su espíritu, las cuales salen a la luz hasta después que usted dice [en el altar]: "Lo acepto". Estas bombas plantadas desde el hogar infeliz de sus padres, sus personalidades fracturadas

> *Cada generación debe ir a una gloria nueva y mayor.*

o el apetito sexual de un pariente depravado explotarán casi sin advertencia y amenazarán la principal estructura de su mismo matrimonio unas dos o tres décadas más tarde.

El orden en la familia es importante porque cada generación debe ir a una gloria nueva y mayor que la generación anterior. El deseo de Dios es que cada nueva generación edifique en el fundamento y éxito de la última generación. Si usted estudia el linaje de Abraham, Isaac y Jacob, usted verá que una herencia espiritual fue siempre traspasada a la otra generación, y, a cada generación siguiente se le ordenó llevar la autoridad, las bendiciones y el dominio de su herencia a un lugar superior.

Nuestro problema es el desorden de nuestras generaciones. Debido a este caos, las bendiciones de la herencia espiritual cesan de ser pasadas a las generaciones siguientes. Nosotros envenenamos nuestra semilla y las destinamos a comenzar de nuevo.

Abandonando a Nuestros Hijos

Algún tiempo después del ministerio de los apóstoles originales, la iglesia perdió su sentido de evangelismo; ese error ha producido debilidad generacional e infertilidad espiritual en los rangos del pueblo de Dios. De nuevo Dios dice: "¡Basta ya!"

Si queremos un cuadro claro del problema, veamos las estadísticas de la familia de padres solteros en los Estados Unidos. "¿Cómo se conecta eso a que la iglesia perdiera su sentido de evangelismo, Obispo?" Ambos son conectados en el corazón.

Dios levantó ministerios poderosos de hombres como la "Cadena de Radio de Hombres Cristianos", del Dr. Edwin Louis Cole, "Cumplidores de la Promesa", y, "Hombres de Poder", del Obispo T. D. Jakes, para restaurar la verdadera masculinidad en los hombres de la iglesia y la nación. Estos ministerios han enfrentado la oposición de las feministas, pero sus metas son regresar a los hombres a sus hogares para que ellos sean esposos fieles, padres amorosos y mentores diligentes. El hecho de que tenemos una epidemia de hombres abandonando a sus esposas e hijos habla de un problema espiritual muchos más profundo. Tengo una declaración chocante que hacer: *La iglesia lo hizo primero.*

La epidemia del abandono de los niños ocurrió primero en el reino espiritual. La iglesia ha empujado el evangelismo por más de cien años y el enfoque central ha sido que las personas sean salvas. Hay sólo un problema con eso. El Señor no dijo: "Vayan por el mundo y hagan que las personas sean salvas". Él dijo: *"Haced discípulos"* (Mateo 28:19). La diferencia entre los dos es casi tan significativa como la diferencia entre alguien que visita su casa y alguien que viene a quedarse permanentemente como miembro de su familia.

Nos rehusamos a madurar al pueblo que conducimos a Cristo, pero luego lloramos y nos preguntamos por qué en la siguiente semana ellos se convierten a los Testigos de Jehová, y el año siguiente lo ve en la esquina de la calle con corbatín y traje del uniforme de la nación del islam. La razón no debería ser tan drástica de imaginar. Tuvimos un bebé y lo dejamos en el altar para contar nuestro "número de crecimiento" para ver si superábamos a la iglesia de la calle siguiente.

Los ministros se jactan entre sí con tonos de beatitud: "¿Oh, hermano, tuve una cruzada la semana pasada, y sabe que quinientos fueron salvos?" Yo regocijo por las almas, pero tengo que preguntar: "¿Qué sucede después?"

Billy Graham fue uno de los cinco evangelistas que instituyeron un sistema para cuidar a miles de bebés espirituales ganados para el Señor en sus cruzadas. Él se aseguró que ellos fueran contactados por una iglesia de creyentes en la Biblia que les ayudaría a cimentarse en la Palabra y madurar en Cristo. En su mayoría, las iglesias locales, evangelistas viajeros y tele-evangelistas han establecido una reputación de no darle seguimiento a aquellos que fueron salvos. Ellos son culpables de concebir y dar a luz bebés espirituales, sólo para abandonarlos en el altar.

Creo que Dios está orquestando un mayor cambio en el liderazgo y ministerio, lo cual aturdirá las mentes de los expertos. Él está diciéndonos: "Ustedes van a crecer o caer".

Es hora de escuchar el consejo total de Dios para nuestra generación y para los que sigan. Debemos determinar si crecemos o nos quedamos rezagados. La maldición de la ilegitimidad en la iglesia de Jesucristo debe ser rota por nosotros.

El Mandato de Dios

Como iglesia, estamos bajo el mandato de Dios de llevar el evangelio de Jesús al mundo, sin transigir. Ese también es mi apremiante mandato personal. Cuando yo ministro en varias conferencias bíblicas o convenciones de iglesias, con frecuencia pregunto: "¿No están ustedes cansados de ser liberados de la misma cosa seis o siete veces? ¿A cuantas sesiones tendrán que asistir ustedes para darse cuenta que algunas de esas cosas no funcionan?" De vez en cuando he hablado públicamente de cosas que las personas estaban pensando en lo secreto. Eso galvaniza sus pensamientos, catapultándolos a una acción concreta. Este es mi mandato de Dios.

> *La iglesia es una extensión de Dios aquí en la tierra.*

Yo quiero que la iglesia actúe como si fuera una extensión de Dios aquí en la tierra. Demasiadas veces en demasiadas iglesias actuamos como si en realidad no permitimos que Dios lidere a Su iglesia porque Él es tan impredecible. "¿Por qué?, porque podríamos pasar por alto la bienvenida a las visitas o algo por el estilo".

Estoy empeñado en hacer más que explicar por qué digo lo que digo y hago lo que hago. El Señor ha dado a cada líder eclesial un mandamiento para llevar a la iglesia a una norma más alta en cada esfera de la vida. Yo tengo una carga de parte de Dios para instarlo, instruirlo, empujarlo, y, si fuere necesario, ofenderlo a usted para impulsarlo a tomar una posición pública en el nombre de Jesús y valientemente declarar a su mundo:

Estoy aquí para tomar posesión, no para tomar partido.

He venido a tomar posesión, y,

no tengo lugar para transigencias.

Este es un modo de vida, una manera de pensar, un nuevo sistema de operaciones totalmente nuevos. Cuando usted se determina de esa manera, usted presenta al Reino.

Ahora es el momento. Ayer ya se fue y el mañana será muy tarde. Dios vendrá y con toda la intención de tomar posesión. Usted y yo debemos tomar nuestros lugares ahora o hacernos a un lado.

La Iglesia Venidera

Dios está dando a luz una nueva generación de cristianos que están en forma y listos para correr hacia la batalla, sea inconveniente o no. Estos creyentes se prestan como voluntarios para la pelea, aunque ellos entienden plenamente que el reino de Dios sufre violencia y que los violentos lo arrebatan (Véase Mateo 11:12). Ellos rehúsan a ser distraídos o perturbados por molestias menores tales como problemas de tráfico y la oposición de los indecisos santos de la iglesia a la vuelta de la esquina. Ellos están muy enfocados en reprender al enemigo y redimir las almas de los niños, las prostitutas y los traficantes de drogas que insensatamente decidieron establecer una casa de "crack" [cocaína en piedra] en el territorio de Dios. Ellos sienten que el tiempo para la batalla se acerca, y ellos están ansiosos para desfilar a la orden del Maestro.

Estos miembros del remanente de la iglesia escucharon los rumores hace mucho tiempo; ellos escucharon los sonidos del ejército que Dios está preparando y ellos fueron rápidamente a atender Su llamado. No importa dónde vaya, usted los puede encontrar por millones diciendo: "Escucho el sonido".

Veo a los príncipes y reyes de este mundo en el siglo XXI admirando a la gloriosa iglesia a causa de su gloria y poder. Esta iglesia es la cabeza y no la cola (Véase Deuteronomio 28:13). Veo a los músicos del mundo una vez más copiando la música de la iglesia porque ellos están buscando "el sonido" que hace al pueblo unirse. Los miembros de esta gloriosa iglesia de nuevo tendrán una bien ganada reputación como "los creadores originales" porque ellos han aprendido a usar la ilimitada creatividad del Creador original, su Padre. Yo me imagino los negocios, bancos, cuerpos gubernamentales, escuelas, familias e iglesias siendo gobernados por el Reino.

> *Aunque todavía estamos con dolores de parto, ¡el día de la liberación de Dios viene!*

Antes de ese gran día, Dios ha ordenado el nacimiento de millones de hijos e hijas del Espíritu en la tierra. Como ve, Dios nos ha preñado individualmente como también colectivamente. Sentimos las punzadas del alumbramiento apoderándose de nuestras almas–Dios nos está diciendo que ha llegado la hora de desentumecernos y expandirnos.

¿Qué se Necesitará?

Lamentablemente, en este momento la mayoría de nosotros nos sentimos demasiado amedrentados y usurpados como para reclamarle a Satanás nuestro territorio. Yo estoy convencido que la iglesia estadounidense en particular tendrá que atravesar por un poco más de dolor, pero hay un gran incentivo para que nosotros sigamos adelante en este tiempo de limpieza y preparación. Dios ha hecho que nos preñemos con Su propósito; y aunque todavía estamos con dolores de parto para dar a luz la cobertura de la gloria de Dios a la tierra, ¡ese día de liberación viene! En ese día, la iglesia gloriosa de Dios estará desbordante de alegría, y todo nuestro dolor de parto será olvidado cuando nos inunde Su gloria.

Debemos tener voluntad para cambiar, desechar lo viejo y dar espacio a lo nuevo. Debemos dejar a un lado nuestras maneras para poder recibir Sus maneras en nuestros corazones. Debemos expandir nuestras casas para recibir los hijos e hijas que no sabíamos que existían, y, luego debemos impartirles nuestros corazones y herencia. Individual y colectivamente le diremos al Señor: *"Hágase conmigo conforme a tu palabra"* (Lucas 1:38), como un ejército poderoso que nace para compartir el mismo corazón y visión en Jesucristo.

Nuevos problemas llaman a nuevas soluciones. Los antiguos problemas que no han sido resueltos con soluciones antiguas también demandan nuevas soluciones. No importa de la manera que lo mire, la iglesia tiene que cambiar o quedará rezagada porque Dios está constante movimiento [de renovación].

En los últimos dos mil años, hemos hecho muy poco para impactar nuestro mundo a pesar del hecho de que Jesús finalizó la obra en el Calvario y nos dio todo lo que necesitamos para tener éxito en la vida. Para la mayor parte nos hemos deslizado por los faldones de aquellos que fueron enviados antes de nosotros, especialmente los padres de la iglesia del primer siglo que fueron la primera y segunda generación de hijos espirituales de Jesús y de los apóstoles.

Pareciera que mientras más nos alejamos de la conexión de padre-hijo y padre-hija instituida por Jesús, más débiles llegamos a ser. Escogimos adoptar las agendas y doctrinas de los hombres en vez de las que Dios decretó en Su Palabra. Favorecimos los programas más que el discipulado personal, la intriga política más que el sacrificio personal y el apoyo mutuo. Consistentemente escogimos el camino fácil en vez del camino recto porque cuando contamos el costo de la obediencia a la visión de Dios, pensamos que ese costo era demasiado alto.

Hoy en día nuestro Evangelio, nuestra fe y nuestros testimonios están tan mitigados que la iglesia estadounidense ha llegado a convertirse en el hazmerreír de la sociedad y los rangos de las tinieblas por igual. Basta ya. Es hora de cambiar.

> *Nuestro más grande ministerio resulta del quebrantamiento y el dolor.*

Dios traerá juicio a Su casa antes de traer juicio al mundo. Su perfecta voluntad es ver a Su Novia levantarse como una iglesia gloriosa sin mancha ni arruga, como una luz brillante demostrando Su gloria a todo el mundo (Véase Efesios 5:27). Sin embargo, este cuadro de la iglesia gloriosa es dramáticamente diferente del cuadro de la iglesia de hoy.

Rechazo a la Religión Creada por el Hombre

Dios tiene la intención de hacer que cambie nuestro paradigma extra-bíblico o maneras de pensar. Él tiene la intención de sacarlos y destruirlos totalmente. Hemos hecho que nuestras propias ideas y sistemas religiosos se vuelvan ídolos que adoramos y honramos a veces más que al mismo Dios. Todo eso está por ser destruido. Con mucha frecuencia tratamos de edificar la casa de Dios nosotros mismos, o lo que es peor, hemos escogido obstinadamente edificar nuestra iglesia sobre el fundamento de la carne y le hemos puesto nuestro propio nombre. Dios tiene un camino mejor, un camino más santo, y aquellos que tienen oídos para oír están oyendo el nuevo sonido en la tierra. Es el sonido de la voz de Dios llamando: *"Ven, sube acá"* (Apocalipsis 4:1).

"Así que, la fe viene por el oír, y oír la palabra de Dios". Pero yo digo: ¿No la han oído ellos? De veras que sí: *"Por toda la tierra ha salido la voz de ellos, y hasta los fines de la tierra sus palabras"* (Romanos 10:18).

Yo creo que el Evangelio de la Biblia debe ser predicado sin transigencia, pero nuestro más grande ministerio resulta del quebrantamiento y la transparencia de nuestras faltas y dolores. Estoy convencido de que Dios no nos permite ministrar a otros hasta que hemos sido quebrantados y hemos pasado por todo del proceso con una buena actitud (aunque nosotros generalmente nos adelantamos a Su tiempo).

Necesitamos permanecer en el rumbo con Dios hasta que seamos capaces de mantenernos fuertes en nuestro quebrantamiento y decir: "Permítame compartir con usted acerca de la ocasión en que yo cometí el mismo error y cómo Dios lo corrigió". Creo que el mejor rasgo del ministerio que Dios me ha dado en la *New Birth Missionary Baptist Church* (Iglesia Bautista Misionera el Nuevo Nacimiento) es su transparencia.

Muchas veces los pastores que han caído en el adulterio o problemas morales se irán a los líderes de otra iglesia y confesarán sus pecados. Ellos declararán que han sido quebrantados por sus experiencias y luego en el mismo respiro dirán: "Quiero ser restaurado". Generalmente los líderes de la iglesia sabiamente les dirán: "Usted es demasiad fuerte. La misma fuerza interior que lo llevó a pecar lo llevará al mismo lugar hasta el día que usted sea totalmente quebrantado". Con mucha frecuencia los hermanos "arrepentidos" se enojarán y se quejarán diciendo: "¿Vine hasta aquí para oír eso?". Ellos están todavía demasiados fuertes [en su terquedad] como para estar verdaderamente quebrantados.

Puedo decirle que la única razón por la que estoy aun de pie en una posición de liderazgo hoy es porque estoy dispuesto a admitir que soy débil. Y he sido diligente para entrenar a mis hijos espirituales y líderes a que reconozcan sus debilidades y que constantemente reconozcan lo que Dios ha hecho en sus vidas. Es mi responsabilidad ser el líder más transparente en la iglesia porque yo espero lo mismo de los líderes que están bajo mi dirección. Estar en contacto con mi "verdadero" *yo* me convierte en mejor ministro.

Soy el mismo hombre que experimentó un matrimonio roto y un corazón roto hace varios años. Soy el hombre que estuvo a sólo dos días de ser un desamparado. Sin embargo, permanecí en el rumbo con la gracia de Dios y ahora dirijo la congregación eclesial más grande de Atlanta, un rebaño de veinticinco mil personas. Ya la mayoría de mi gente me conoce, pero cuando las personas vienen por primera vez a la *New Birth Missionary Baptist Church* (Iglesia Bautista Misionera el Nuevo Nacimiento), ellos pueden ser tentados a mal juzgarme al ver el carro que manejo y el honor que me dan las personas como su Pastor y Obispo. Pero una vez que ellos se enteran que el mismo Obispo Long que ahora maneja un Mercedes antes deambulaba por todas partes, que él sabe lo que es perderlo todo y estar al borde de ser desamparado, ellos piensan: *"Oh, él es como nosotros. Él sabe lo que esto es"*.

Cuando la gente me oye decir que una vez fui despedido de la Ford Motor Company por hacer llamadas personales en tiempo de oficina, ellos piensan: *"Este hombre lleva el manto de Obispo, pero sabe lo que es vivir en el mundo corporativo. Él sabe de la presión que enfrento. De hecho, él también sabe lo que es rendirse ante esa presión.* Si yo nunca hubiera compartido mis faltas y debilidades con las personas, ellos no podrían pensar que tengo alguna credibilidad para hablarles de tales cosas. Entiendo que cuando la gente ve a un predicador detrás del púlpito, ellos piensan: *¿Qué sabe él?* Es por eso que yo les digo lo que sé.

> ## Jesús viene a tomar posesión de este planeta como el León de Judá.

Yo les digo que Dios me salvó. Les digo que soy un milagro andando, que todavía me asombra saber que Dios quiso y me escogió para usarme. Luego comienzo a decirle.

"¿Cree usted que la Palabra de Dios es verdadera?"

"Sí, señor, cada palabra".

"¿Cree que Dios lo ama a usted y que tiene un plan para su vida?"

"Sí, Obispo. Yo creo todo eso".

"Bien. ¿Es su vida controlada por el pecado? ¿Escoge usted hacer todas las cosas, menos las cosas que Dios le dijo que hiciera? ¿Por qué?"

La mayoría de personas en la iglesia tienen una excusa preparada: "Usted no comprende, Obispo. Yo tengo problemas".

No, no entendemos el propósito de Dios para la iglesia. ¡Nosotros tenemos un gran problema más grande que nuestros propios problemas! Hemos adquirido un compromiso mayor con Jesucristo, pero nuestros corazones y cuerpos no han acoplado todavía. Es hora de que nos establezcamos orden en nuestras vidas para así poder tomar nuestro lugar en el plan de Dios y comenzar a vivir. Dios nos ha dado todo lo que necesitamos para tener éxito y vivir una vida para Jesús. Ninguna excusa será suficiente cuando vengamos frente a Él.

El León Viene

Talvez Dios ya haya enviado el espíritu de Elías al moderno Juan el Bautista en nuestra generación para preparar de nuevo el camino para la llegada del Señor. Si ese es el caso, podemos estar seguros de que Jesucristo no vendrá esta vez como un manso Cordero de sacrificio. Él terminó aquella misión hace más de dos mil años. Esta vez Él vendrá para tomar posesión de este planeta como el León de Judá, no para correr como gatito en el Reino.

Él es el Rey de reyes y Señor de señores y es hora de que lo reconozcamos. Dios quiere que seamos lo suficientemente originales como para desafiar el *status quo* en cada lugar y en cada situación donde se opongan a la Palabra y a la voluntad de Dios. Eso significa que nosotros debemos tomar nuestra posición por la verdad tanto en la vida pública como en el santuario de la iglesia.

Yo sabía que Dios estaba haciendo las cosas a Su manera en nuestra familia eclesial y en mi ministerio cuando comenzamos a ver que cientos de personas se reubicaban en Atlanta provenientes de ciudades distantes como la ciudad de New York y Chicago sólo porque ellos oyeron ese "sonido" de Dios en nuestro ministerio. No pretendemos ser la única fuente de verdad o unción del reino de Dios; hay muchos más justos en la ciudad de Atlanta, como también por todo Estados Unidos y el mundo. Pero hemos aprendido a tomar seriamente el llamado y desafío de Dios.

Me duele el corazón de saber que hay hombres que salen de una gran reunión para varones cada verano después de haber elevado sus esperanzas durante el fin de semana, solamente para llegar a casa a una casi con total hambruna espiritual. Aunque muchos hombres que asisten a eventos tales como la convención de los "Cumplidores de la Promesa" vienen de iglesias fuertemente Cristo-céntricas que predican la verdad de la Palabra de Dios, algunos hombres están atrapados en iglesias muertas espiritualmente donde el Espíritu Santo no es bienvenido y la Palabra de Dios no es predicada. Yo oro para que las reuniones de estos hombres pueda continuar por largo tiempo mientras Dios los bendice, pero también sé lo que Dios me dijo: "Quiero que lleves esta palabra a los hambrientos. Yo quiero que tú hables y escribas las cosas que Yo te he dado de Mi Palabra para que otros puedan recibirlas y tomen un paso firme por Mí'.

Casi cada mes del año me reúno con cientos de hombres que oyen lo que digo y levantan sus cabezas para responder, pero ellos están atados por el pecado o por el sistema de alguna iglesia que honra al hombre y las tradiciones del hombre más que al Dios viviente. Quiero que estos hombres oigan el "sonido diferente" de la voz de Dios y sean así desafiados a salir de la esclavitud que los ata.

Han habido hombres que con frecuencia me dicen las mismas cosas después de una reunión: "Estoy agradecido de enterarme que no he perdido mi cordura. ¡Yo nunca pensé que

147

oiría a alguien decir las mismas cosas que oigo a Dios hablar a mi espíritu! Es como un aliento de aire fresco. Yo me digo a mí mismo: "Tiene que haber alguien con suficiente valentía para decir lo he estado pensando".

Señales de los Tiempos

La iglesia ha sido obstaculizada por incontables años y generaciones porque ella abiertamente ha hecho caso omiso al fundamento básico del elemento de edificación del propósito de Dios. Ahora Dios está emitiendo una convocatoria y un desafío a cada cuerpo eclesial y líder con oídos para oír. Él está por traer juicio a la iglesia y Él lo está haciendo por nuestro bien. La verdad es que Dios quiere ayudarnos a convertirnos en verdaderos cristianos. Lo que hacemos ahora no funciona del todo y estamos totalmente sin preparación para lo que viene:

Si corriste con los de a pie, y te cansaron, ¿cómo contenderás con los caballos? Y si en la tierra de paz no estabas seguro, ¿cómo harás en la espesura del Jordán? (Jeremías 12:5)

Los caballos del cambio están en movimiento y los creyentes alrededor del mundo están percibiendo en sus espíritus que Dios ha apresurado el compás. Él está buscando personas que puedan correr con Él. Nosotros pensamos que hemos hecho bien al sobrevivir nuestras pruebas y tentaciones diarias en tiempo de paz, pero Dios quiere que entendamos que el desafío frente a nosotros es mucho más grande que lo que ya vivimos. Las cosas que hemos sufrido y logrado hasta ahora fueron solamente ejercicios de fortalecimiento para donde vamos.

Usted es la Luz del Mundo

Vosotros sois la luz del mundo; una ciudad asentada sobre un monte no se puede esconder. Ni se enciende una luz y se pone debajo de un almud, sino sobre el candelero, y alumbra a todos los que están en casa. Así alumbre vuestra luz delante de los hombres, para que vean vuestras buenas obras, y glorifiquen a vuestro Padre que está en los cielos.

(Mateo 5:14–16)

Nosotros necesitamos quitar el almud y valientemente hacer brillar la luz que Dios nos dio. Sócrates dijo: "La vida que no se examina es una vida sin valor". ¿Ha notado usted que la iglesia–tanto sus miembros individuales como sus voceros públicos–es muy hábil

> *Dios nos llamó a encender Su lámpara y ponerla sobre una colina para que el mundo la vea.*

y rápida para criticar, protestar en contra de alguien y para desacreditarse a todo mundo? Puede ser, entonces, que quizás usted ha notado también que a la iglesia no le gusta verse a sí misma.

Puede que algunas personas se molesten conmigo, pero me niego a dejar morir este punto. Soy impulsado por el Espíritu de Dios a decir que es una gran desgracia y una seria acusación contra la iglesia cuando señalamos con nuestros dedos de santurrones religiosos el pecado que vemos en el mundo cuando nuestros incontables pecados de hipocresía y desobediencia a Dios se amontonan detrás de nuestras puertas. La iglesia está estancada en su propia rutina. Estamos atrapados en un laberinto de ordenanzas, regulaciones y estructuras de autoridad hechas por el hombre, las cuales Dios jamás ordenó o autorizó.

La iglesia que tenemos hoy en días no es la iglesia gloriosa de poder, luz y santidad que se presenta en la Biblia. Alguna cosa tiene que cambiar y Dios dice que ahora es cuando debe cambiar. El juicio y la misericordia empiezan en la casa de Dios y luego se mueve hacia fuera al mundo no redimido. Dios está determinado a sacar lo viejo; después Él traerá lo nuevo.

Dios nos llamó a encender Su lámpara y ponerla sobre una colina para que el mundo la vea, pero nosotros hemos insistido en reuniones de club privado para poder celebrar nuestra membresía exclusiva en el club de Dios sin interrupciones de los "advenedizos".

No podemos ignorar el hecho de que nosotros casi nunca vemos un cambio obvio en nuestra nación cuando cientos de miles de cristianos marchan en Washington, D. C., o se reúnen para otras grandes convenciones alrededor de la nación. Dios creó a cada uno como seres espirituales y la gente por toda esta nación está desesperadamente buscando una experiencia espiritual. Ellos quieren ver alguna señal de que Dios realmente existe y que Él tiene poder para cambiar las vidas para bien.

El mundo quiere ver más que una demostración exterior y una exhibición de fuerza. El mundo quiere ver la demostración del interior de una vida cambiada por el asombroso poder de Dios. Si la iglesia continúa fallando en ofrecerles lo real, la gente rápidamente irá tras una falsificación.

Examinemos Nuestros Caminos

Tenemos que detener esta burla al propósito de Dios para la iglesia. El escritor del libro de Lamentaciones dijo: *"Escudriñemos nuestros caminos, y busquemos, y volvámonos a Jehová"* (Lamentaciones 3:40).

Mientras Dios está obrando en la madurez de las personas dentro de Su iglesia madure, permitiéndoles pasar por de varias pruebas, ¡Sus ministros y pastores sin discernimiento están tratando de predicar al pueblo que salgan de las pruebas! Por consiguiente, el pueblo de Dios comienza a suplicarle a Él que les dé una salida rápida para sus problemas de largo plazo. Puede que ellos reciban respuesta a lo que están pidiendo. Cuando los hijos de Israel estuvieron en el desierto, comenzaron a quejarse del maná que Dios les había dado. Ellos decidieron que lo que necesitaban era carne en vez de maná. Por lo que Dios dijo: "Está bien, ¿ustedes quieren codornices? Codornices tendrán".

> *Cada gran victoria viene de una gran perseverancia en el sufrimiento.*

Pero al pueblo dirás: Santificaos para mañana, y comeréis carne; porque habéis llorado a oídos de Jehová, diciendo: ¡Quién nos diera a comer carne! ¡Ciertamente mejor nos iba en Egipto! Jehová, pues, os dará carne; y comeréis. No comeréis un día, ni dos días, ni cinco días, ni diez días, ni veinte días, sino hasta un mes entero, hasta que os salga por las narices, y la aborrezcáis, por cuanto menospreciaron a Jehová que está en medio de vosotros, y llorasteis delante de Él, diciendo: ¿Para que salimos acá de Egipto?
(Números 11:18–20)

Dios contestó la oración de los israelitas por una rápida solución, por una pronta liberación del proceso de madurez de Dios, pero les costó muy caro. Cuando ellos se quejaron de la dificultad de su prueba y anhelaban los buenos días pasados en esclavitud bajo el Faraón cuando ellos tenían carne para comer, Dios les dio codornices–y Él también les envió debilidad a sus almas (Véase Salmos 106:13–15).

Él estaba diciendo: "Ustedes se salieron demasiado rápido. Todo esto era parte de su entrenamiento. Yo sé cuando es tiempo de sacarlos de esto y sé lo que estoy haciendo. Siendo que ustedes creen saber lo que es mejor, ustedes pueden cosechar lo que han sembrado".

Yo le digo a la gente de *New Birth* (Nuevo Nacimiento): "Si ustedes están pasando por alguna dificultad, si ustedes sienten que están pasando por el infierno, yo tengo un consejo para ustedes: No se detengan. Pregúntele a Dios: '¿Qué estás tratando de enseñarme?'"

La iglesia no está aquí para libertar a todo el mundo de sus problemas. ¡Yo estoy firmemente convencido que algunos de nosotros en el cuerpo de Cristo estamos supuestos a que nuestras casas sean reposeídas [por el banco o casa hipotecaria]! Esto puede sonar radical y aun herético para usted, pero tengo que decirle que a dondequiera que veo una gran victoria, fe, y cumplimiento de la Palabra de Dios, también veo una gran perseverancia frente a un gran sufrimiento. Es mi convicción que cuando predicamos contra el proceso de madurez en la vida cristiana, predicamos contra el orden de Dios.

Dios está buscando aquellos discípulos que entienden que sin fe es imposible agradar a Dios. Él está tratando de ayudarnos a crecer haciéndonos pasar por los niveles de madurez al punto que seremos capaces de completar Sus propósitos en esta tierra. Ello sólo puede ser logrado con la "clase de fe en Dios".

Necesitamos a Dios para creer completamente en Dios (Véase Gálatas 2:20). No escriba esto como una frase religiosa graciosa. Cuando Dios verdaderamente le hable, le puedo garantizar que usted no tiene ni tendrá la suficiente fe por su propia cuenta para creer en Él. Usted tiene que tener suficiente de

Dios en usted para conectarse con Dios hablándole a usted. La única manera en que usted puede lograr las cosas a las que Dios lo ha llamado a cumplir es tener tanto de Dios en usted para que usted pueda creer en Él sobrenaturalmente.

"Bueno, Obispo, espero que usted no se haya inventado eso". No, pero si usted tiene un problema con esta teología, entonces usted necesita hablar con el Señor acerca de esto. Mi Biblia me dice que *"Dios es el que en vosotros produce así el querer como el hacer, por Su buena voluntad"* (Filipenses 2:13). La única cosa que traemos a la mesa de Dios es nuestra obediencia–porque incluso nuestra fe debe provenir de Él (Véase Romanos 12:3). Nuestra primera y más importante "obra" en esta vida es creer en Jesús. Luego Él nos da todo lo que necesitemos para cumplir con el resto de la obra que Él nos ha llamado a hacer.

> *Respondió Jesús y les dijo: Esta es la obra de Dios, que creáis en el que él ha enviado. Le dijeron entonces: ¿Qué señal, pues, haces tú, para que veamos, y te creamos? ¿Qué obras haces?* (Juan 6:29–30)

Saliendo del Barco

Siempre que Dios habla a Su Hijo, el Hijo se mueve inmediatamente sin consultar con ningún humano. Ahora–y observe esto–la razón por la que la mayoría de los santos y soldados nunca alcanzan el lugar que Dios ordenó para ellos es que ellos quieran buscar la evidencia *antes de que ellos se muevan o actúen*. Nosotros ridiculizamos a los escribas y fariseos de los días de Jesús, pero actuamos tal como ellos. En el mismo momento que Jesús nos dice la obra que Él nos ha llamado a cumplir, nosotros pedimos una señal.

La segunda cosa que hacemos es reaccionar con temor en vez de fe. Esa es una señal segura de que no hemos muerto al *yo* para que podamos vivir en Cristo. Tenemos demasiado miedo de perder nuestro ego para vivir para Él. Esto nos roba la fe de Dios que reside [o debe residir] dentro de nosotros. Nosotros decimos: "Dios, eso es imposible. No puedo hacer eso. Es demasiado grande para mí. Tengo miedo. Puedo ser asesinado. No puedo ir allá. No puedo hacer eso".

Estoy convencido de que nuestro problema no está en que no hemos oído a Dios. Hemos oído la voz de Dios correctamente; pero tenemos demasiado miedo de hacer lo que Él nos ha ordenado. Estamos demasiado ocupados buscando una señal como lo hicieron todas las multitudes que seguían a Jesús. Luego ellos se retiraron cuando el riesgo de la obediencia llegó a ser muy grande.

Dios está buscando Pedros que quieran arriesgarse en la tormenta.

> *Y ya la barca estaba en medio del mar, azotada por las olas; porque el viento era contrario. Más a la cuarta vigilia de la noche, Jesús vino a ellos andando sobre el mar. Y los discípulos, viéndole andar sobre el mar, se turbaron, diciendo: ¡Un fantasma! Y dieron voces de miedo. Pero enseguida Jesús les habló, diciendo: ¡Tened ánimo; yo soy, no temáis! Entonces le respondió Pedro, y dijo: Señor, si eres tú, manda que yo vaya a ti sobre las aguas. Y él le dijo: Ven. Y descendiendo Pedro de la barca, andaba sobre las aguas para ir a Jesús. Pero al ver el fuerte viento, tuvo miedo; y comenzando a hundirse, dio voces, diciendo: ¡Señor, sálvame! Al momento Jesús, extendiendo la mano, asió de él, y le dijo: ¡Hombre de poca fe! ¿Por qué dudaste? Y cuando ellos subieron a la barca se calmó el viento. Entonces los que estaban en la*

barca vinieron y le adoraron, diciendo: Verdaderamente eres
Hijo de Dios. (Mateo 14:24–33)

Nuestra situación es seria. El cambio tiene que sucederse en la iglesia de hoy. Dios está buscando por algunos Pedros locos que quieran tomar riesgos una vez recibido Su mandato, aun en medio de la tormenta. Yo no sé usted, pero no puedo recordar cuándo dejé de vivir en una tormenta. Siempre ha habido una tormenta de alguna clase soplando y arrojando las cosas alrededor de mi vida. Eso no quiere decir que Dios no estuviera allí o que yo soy una clase de cristiano sin fe. Mi más grande problema fue que la mayor parte del tiempo yo estaba actuando como uno de los once en el barco en vez de hacer como el loco de Pedro, el único que se animó a salir de su seguridad cuando Jesús le dijo, "Ven".

Soy como usted. Siempre he tenido lo que pensé eran buenas razones y excusas para estar dentro del barco. Pero Dios está buscando a alguien que quiera dejar de quejarse de la tormenta lo suficiente como para oír y obedecer Su voz. Si Él dice: "Camine sobre las aguas", Él no nos está haciendo preguntas. *¡Él quiere que comencemos a caminar!*

Ahora usted puede decir: "Obispo, mi Biblia dice que Pedro comenzó a hundirse". Cierto, mi Biblia dice lo mismo. ¿Por qué? Pedro comenzó a hundirse porque quitó los ojos de Jesús la Roca y en vez de eso, miró las circunstancias–el viento y las olas.

Acobardándose en el "Barco del Pasado"

Yo estoy convencido que Pedro, el marinero y pescador profesional, ya había visto aquellas olas. Él había medido la intensidad del viento mucho antes de salir del barco. Ya había evaluado aquellos problemas; sin embargo, él los descartó cuando oyó la voz de Su maestro.

Pero algo hizo que quitara su vista de Jesús y la pusiera de nuevo sobre aquellas viejas circunstancias, y pienso que el problema era que el viento estaba hablando. Como usted ve, donde quiera que el viento sople, lleva voces con él. Había once hombres asustados (y probablemente celosos) que estaban acobardados en el barco de la ingenuidad del hombre, diciéndole a Pedro que regresara a la cubierta de madera "firme" del "barco del pasado".

> *Dios no nos llama a hacer cosas por nuestro propio esfuerzo. Entonces no lo necesitaríamos a Él.*

"Tú no puedes hacer eso, Pedro. ¿Cómo puedes saber si realmente es Jesús? Después de todo, el que está ahí es un espíritu. Nos estás complicando. Necesitamos tus fuerzas para remar. ¡Regresa al barco!" Existe una buena posibilidad de que Pedro comenzó a escuchar a la multitud por un momento–y la multitud nunca ha estado en lo correcto en cuanto a lo que el reino de Dios se refiere. Dios jamás guió, alimentó o dijo algo por mayoría de voto. No. Dios todavía está buscando a alguien que quiera alejarse de los demás y se atreva a obedecer Su desafío a cambiar.

El problema con la mayoría de personas en la iglesia es que ellos necesitan una multitud que piense que ellos están siguiendo a Dios. Es verdad que las multitudes se congregaban donde iba Jesús, pero solamente los discípulos siguieron a Cristo hasta la cruz y más allá. Esa es la razón por la cual nuestras iglesias están solamente medias llenas en las reuniones de oraciones intercesoras y días de trabajo. La otra mitad está siguiendo a la multitud. Es por eso que solamente un puñado se mostrará para viajar al lado descarriado de la ciudad para hacer evangelismo de alcance; el resto del "grupo de los once" están aferrándose al "barco de la casa" y quejándose de los pocos que dicen sí al cambio.

Simplemente no queremos pasar por el proceso de Dios. Preferimos quedarnos en el antiguo sistema y aferrarnos a las cosas antiguas que no funcionan. Nosotros no queremos ser ensanchados porque eso nos estiraría más allá de nuestra zona de comodidad. Yo le puedo prometer a usted esto: Lo que sea que Dios quiera que usted haga ahora mismo como individuo y como miembro del cuerpo local de creyentes no puede ser cumplido con el estrecho y poco profundo fundamento que usted tiene hoy. Él tiene que ensancharlo y desentumecerlo a usted.

Cuando Dios pone un llamado o una visión en su vida, eso es por definición sobrenatural. No puede nunca ser cumplido con sus propias fuerzas, recursos o habilidades. Usted necesitará que Dios lo haga; entonces, para qué jugar el juego de decir: "Dios, yo no puedo hacerlo". ¡Por supuesto que usted no puede! ¿Por qué tendría Dios que pedirle que haga alguna cosa que usted no podría hacer por sus propias fuerzas? Usted no necesitaría de Su provisión, Su sabiduría o Su poder para hacerlo. En otras palabras, eso entonces sería obra de la carne. Confíe en mí, Dios no trabaja de ese modo.

¡Dios quiere sacarlo a usted del barco hoy porque Él va a darle algo en la iglesia que va a revolucionar el mundo! Él está diciendo: "Yo necesito personas que estén firmes, inmovibles, siempre rebosantes. Necesito personas que hayan pasado por el fuego, gente que venció con Mi Palabra asida en sus puños. Estoy buscando la clase de personas que sepa lo que significa vencer en situaciones imposibles con Mi Palabra. Ellos han sido desarrollados con Mi Palabra y todavía pueden aferrarse, aun cuando pareciera que lo que Yo les prometí no va a suceder. Estoy buscando gente que quiera ir hasta el final del proceso y surgir con espíritu, visión y fe incrementados".

¡Dios está buscando gente de fe que mueva montañas! Jesús dijo: *"Porque de cierto os digo, que si tuviereis fe como un grano de mostaza, diréis a este monte: Pásate de aquí allá, y se pasará; y nada os será imposible"* (Mateo 17:20).

Aprenda a hablarle a cualquier montaña que se levante en su presencia en oposición a la voluntad de Dios revelada para su vida y aquellos bajo su cuidado. Usted puede ordenarle que salga del camino, pero no por su propio poder. Hable la palabra ordenada por el Espíritu.

El Proceso de Dios

La semilla de mostaza es tan pequeña que es difícil concebir el ser digna de ser mencionada en una enseñanza sobre el mover montañas. Más extraño aún, Jesús mencionó la semilla de mostaza como algo que fácilmente se puede plantar en el patio. Esta pequeña semilla es tan pequeña que apenas puede verse sobre el terreno; luego que ella es enterrada en la tierra se pierde de vista antes de que dé su fruto. Usted puede poner un poco de tierra sobre ella y comprimir el suelo encima de ella-en otras palabras, pasa por el proceso de muerte y sepultura.

> *Aunque la semilla de mostaza es diminuta, ella dice: "¡Soy un árbol!"*

De alguna manera, este es el mismo proceso por el cual usted y yo pasamos cada vez que quedamos preñados con la promesa de Dios. Pareciera que las cosas empeoran antes de mejorar–pero no hay nada equivocado. Es sólo el proceso de Dios.

Ahora, cuando esa pequeña semilla de mostaza es separada de la otra semilla de mostaza y se remueve de la luz del día, del viento y de la lluvia que sustenta la vida, su única compañía es la oscuridad y la tierra. Agradezco a Dios que Él diseñó semillas que no funcionen con la vista. En un sentido, la oscuridad y la tierra le están diciendo a la semilla: "Tú no vas a salir–tú solo eres una diminuta semilla privada de la luz por nuestras garras. Estás muerta".

Incluso mientras lee estas palabras, puede sentir como si la oscuridad le ha dado un homenaje póstumo y la tierra ha sido apilada sobre usted. Usted lo ha oído todo: "¡Esta es su suerte en la vida! ¡Usted no puede salir de este lugar! Usted nunca saboreará la alegría otra vez. Usted jamás tendrá placer en su vida. Usted está viejo. Usted está enfermo y débil. Usted está condenado a morir donde usted está".

Tome la valentía de la diminuta semilla de mostaza que dice: "Yo no soy una semilla. Puedo parecer como una semilla, pero realmente soy un árbol gigante. En el tiempo perfecto de Dios yo voy a ser un árbol. Después de un tiempo voy a salir de la oscuridad rompiendo la tierra hacia la luz. Entonces seré el maestro de la tierra y tomaré fuerza de la misma cosa que trató de sepultarme. De manera que usted puede hablar de mí hoy, puede tomarme como tema por un tiempo, pero yo creo lo que Dios dijo de mí. No importa lo que usted diga o haga, yo voy a seguir diciendo: "¡Soy un árbol. Soy un árbol. Soy un árbol!"

¿Cómo dice el antiguo adagio? "Cada inmenso árbol de roble comenzó como una nuez que se mantuvo creciendo".

Si Dios dice que su matrimonio será resucitado, entonces no debe sorprenderle si esa promesa fue sepultada por montañas de tierra y oscuridad. Su trabajo es mantenerse hablando de la resurrección.

Si Dios le dice a usted que el yugo de la pobreza en su vida está destruido, entonces manténgase hablando de la promesa de la prosperidad, aunque por un tiempo usted se siente en la oscuridad de la escasez bajo una montaña de cuentas por pagar. Vea el fruto del favor de Dios antes de que aparezca. "Yo voy a comprar eso, y yo voy a financiar aquello para el Reino. Voy a hacer préstamos de dinero, no voy a pedir prestado".

Cuando Dios le dice a usted que su iglesia va a tomar la ciudad, entonces comience a hablar la verdad de Dios aun cuando sus enemigos empiecen a alinearse para "corregirlo", y ellos lo harán–créame. Yo ya he estado allí.

> *Cuando usted oye la voz de Dios y obedece, su confianza es edificada.*

¿Sabe usted lo qué pasa millones de veces al año en el mundo cristiano de los seminarios, conferencias, y santa convocatoria? Cada vez que los cristianos van a una conferencia ungida (la otra clase no cuenta), ellos vuelven a casa sintiéndose bien, liberados, renovados y redimidos por las primeras tres semanas. Pero para la cuarta semana o quinta semana ellos se sienten mal de nuevo, y ¡se encuentran deslizándose a la misma rutina que habían esperado romper al asistir a la conferencia!

"Solamente Engráseme"

Yo acostumbraba ir a cada conferencia que encontraba y pasaba a orar cada vez que podía. Debí haberle dicho a aquellos ministros: "Sólo engráseme con ese aceite de la unción". Viajaba al Sur para la conferencia de una semana y corría al Norte para otra conferencia la siguiente semana. Hice todo lo que pude para conseguir un arreglo instantáneo a mis problemas sin el dolor de la auto-disciplina.

No quería estudiar. No quería trabajar. Si localizaba a un hombre ungido de Dios, automáticamente iba a pedirle que impusiera sus manos sobre mí. Incluso me molestaba cuando un predicador me pasaba por alto para imponer las manos sobre alguien más. Generalmente yo terminaba persiguiéndolo en la línea de oración sólo para poder colocar mi cabeza bajo sus manos mientras él oraba. Esto se convirtió en una compulsión.

Preñado con la Promesa

Algunos de nosotros no queremos pasar por el proceso de madurez, pero es el divino proceso de Dios para dar a luz cosas santas en nosotros, en la iglesia y en el mundo. No importa cuánto los deseemos, no hay atajos en el proceso de Dios. Él está buscando personas que no necesiten mucha evidencia para moverse. Cada vez que usted oye la voz de Dios y obedece, su confianza está edificada en Su Palabra.

Las madres que ya han dado a luz a un hijo son mucho más serenas y firmes que las madres primerizas. Es lo mismo con los discípulos experimentados. Ellos no se preocupaban del proceso de ensanchamiento y no les importaba la incomodidad y el sentimiento inquietante de la preñez. Ellos saben lo que viene al final del proceso de Dios–la nueva vida, el nuevo gozo, una nueva medida de poder y gloria, y, un nuevo horizonte de oportunidad en Cristo.

Mi esposa me dice que una vez que comenzó a dilatarse, cuando iba a dar a luz a nuestro bebé, que ella se preguntaba si iba a lograrlo. Muchas mujeres comienzan a gritarle a sus doctores: "¡Déme algo! ¡Haga que este niño salga ya! ¡Me rindo! ¡No quiero hacer esto!"

Una vez que usted comienza a sentir las contracciones en su preñez del Espíritu Santo, ¡usted puede pensar que ellas son del diablo! El problema es que usted repentinamente será tentado a revelar esa palabra de la promesa antes de tiempo. Cuando sienta las contracciones, usted necesita saber que ellas vienen de Dios; así podrá aguantarlas hasta el final y poseer lo que Dios ha ordenado para usted.

MARCAS DE ELASTICIDAD

Es fácil irritarse con la creciente tendencia entre las damas de los jóvenes matrimonios en estos días, pues dicen: "Oh, yo no quiero quedar embarazada tan pronto. No quiero tener ningún hijo porque no quiere dañar mi figura". Esto es especialmente duro de tragar para las mujeres que han pasado por varios dolores de parto y alumbramientos. Ellas han pagado el precio de dar a luz una nueva vida; ellas han recibido alguna marca de elasticidad en el proceso.

> *La salvación es un regalo gratis, pero el discipulado le cuesta todo a usted.*

Algunas veces Dios lo estira a usted cuando Él le da una palabra de promesa. Esa cosa santa que usted lleva a cabo dejará algunas marcas permanentes en usted, pero no es nada de qué avergonzarse. Esos son puntos de testimonios.

Alguien puede decir: "Oh, usted no ha estado en nada. ¿Qué sabe usted de cómo me siento?" Es entonces cuando todo lo que usted tiene que hacer es abrir su capa y decir: "Déjame mostrarle mis marcas de elasticidad. Permítame decirle qué puede funcionar para usted. Yo sé que funcionará, porque funcionó en mí. Yo sé lo que es esperar y esperar, y luego seguir esperando. Yo sé lo que es orar y ayunar hasta que ya no pude hacerlo más–pero aquí estoy. Lo hice. Aquí están las fotos de mis hijos."

Eso es lo mismo que Jesús hizo al confrontar al dudoso de Tomás. Él le dijo: *"Pon aquí tu dedo, y mira mis manos; y acerca tu mano, y métela en mi costado; y no seas incrédulo, sino creyente* (Juan 20:27).

Cuando por primera vez oí el llamado del Señor para predicar, obedecí porque sabía que había oído Su voz. Me estaba yendo bien en ese tiempo–básicamente tomé una reducción de salario de treinta mil dólares para empezar en mi iglesia. Pero más tarde–digo mucho más tarde–Dios me lo devolvió todo y más.

Sin embargo, incluso estando obediencia, me hallaba en medio de la tormenta porque Dios me quería cambiar. Me desperté un día y dije: "Esto tiene que ser real o me retiro". Bien, descubrí que Dios es real y también lo es Su poder. Asimismo descubrí que hay un precio agregado a lo real. La salvación es un don gratis, pero el discipulado le cuesta a usted todo. Hay una cruz con mi nombre en ella eclipsando mi gafete de identificación como "Discípulo de Jesús". Es fácil ponerse el gafete, pero la cruz lo matará. Ese ha sido el plan de Dios desde siempre–matar al hombre viejo y levantar el nuevo.

Durante una celebración el Año del Jubileo de Dios, yo le dije a mi congregación que el Señor estaba diciendo: "Vuestra labor va a comenzar durante este Año de Jubileo. Va a ser tan duro que ustedes tendrán que perdonar a algunas personas y despojarse de todas sus amarguras ocultas. Como usted ve, el bebé que Dios plantó en su vientre forzará a que cada cosa de raíz profunda salga de usted".

Dolores de Parto y Cambio Genuino

Durante el alumbramiento de la semilla de Dios en su vida, Él quiere provocarle dolores de parto para golpearle a usted más duro en las áreas donde usted necesita liberación. Sí, usted tendrá ese bebé a su debido tiempo, pero ahora usted está en medio de algo más. Puede que usted diga: "Señor, no me siento el mismo. No me siento bien".

Dios no quiere que usted se sienta como el mismo–Cristo está siendo formado en usted. Algo nuevo y santo se está desarrollando en usted, y usted no pasará el proceso sin ser estirado, expandido y comprimido más allá de su medida normal. Usted no va a pasar por esto sin alguna marca de elasticidad, ¡pero no detenga el proceso! Al final hay una gran recompensa.

Dios está buscando individuos e iglesias que estén lo suficientemente maduros para pasar al segundo nacimiento. Él está buscando personas que quieran sujetarse al estiramiento, la incomodidad y trabajo requerido por Cristo para formarlos como testigos al mundo. Si usted dice: "Hágase en mí conforme a Tu voluntad" (Véase Lucas 1:38), entonces Él provocará en usted un cambio como nunca antes. Él le hablará de cosas que le sonarán a usted como locura y absolutamente imposibles, pero no se alarme.

Él está preparándolo a usted para la victoria en todo un nuevo nivel, pero lo que Él está por hacer no seguirá un modelo que agrade al hombre. Usted no va a seguir allí algún recibo predeterminado, fórmula, o agenda de hombre. El camino de la semilla viene de la oscuridad y presiona desde abajo hacia la luz, y, la gloria de arriba es la senda de la persistente obediencia a Dios y la firme fe en Su promesa. Cuando Él habla, usted debe ser obediente y lo suficientemente fiel para cambiar sin preguntar. Durante nueve meces usted se estirará, expandirá y experimentará todas las incomodidades del cambio. Pero entonces vendrá el día en que su labor final lo conduce a una liberación milagrosa.

Sin Transigencias

Dios ha trazado Su rumbo, y, Su Palabra está destinada a penetrar y cortar toda barrera espiritual que hemos construido para protegernos. El Señor sabe que nuestros paradigmas y tradiciones hechas por el hombre nos detendrán de movernos en la dimensión que Él ha ordenado. Él está por de tomar posesión y no está con ningún ánimo de intransigir o consentir.

Estoy convencido que millones de cristianos alrededor del mundo están escuchando a Dios decir las mismas cosas que yo he oído.

Le insto a usted, por medio del Espíritu de Dios, que deje a un lado cada peso que lo ha enredado en el pasado. Despójese del pasado hoy. Continúe adelante hacia la marca de su supremo llamamiento en Cristo Jesús. Marche, levante en alto la antorcha de la verdad de Dios. Es hora de levantarse y contestar el llamado de Dios para vivir bajo una norma más alta. Es hora de dejar atrás la intransigencia y las preocupaciones de las faltas del pasado. ¡Es hora de recuperar lo que el diablo se ha robado!

CAPÍTULO 6

UN MANDATO PARA EL INDIVIDUO

Mientras marchábamos por Atlanta en Diciembre de 2004, sentí algo trascendente como que éramos profetas, unidos como una sola persona para declarar el dominio de Dios a los principados y potestades, así también como a la nación y al mundo. No obstante, éramos *individuos* unidos, cada uno manteniendo y declarando nuestra parte en la gran procesión de Dios.

Dios está marchando por la tierra y usted tiene un lugar en ese desfile divinamente orquestado–una particular y divina posición elaborada que ninguno sino usted puede llenar. Los santos experimentados se están uniendo para una última gran manifestación del cuerpo espiritual de Jesucristo antes de Su regreso.

Todos caminamos como uno solo. Cada quien satisfecho de estar donde debía estar–sin empujar para ir a cualquier otro lugar. La paz más grande que usted puede experimentar es saber que "para esto ha nacido". Nadie puede adelantársele a ser lo que Dios ha ordenado que usted sea. El descansar en ese lugar de culminación le liberará libre de las presiones de querer ser alguien más.

A medida que usted asume su rango individual y se enfila en la procesión de Dios, usted encontrará que es imposible odiar a alguien. Usted se sentirá satisfecho y consolado a saber que ninguno puede adelantársele a ser uno de los dedos de los pies en el cuerpo de Cristo; todo pasa bajo sujeción de los pies y andamos en dominio (Véase 1ra Corintios 12:27). Mientras maduramos en Cristo, encontramos el dominio por medio de la completa expresión de nuestra individualidad de dones en unión con el resto de creyentes del cuerpo de Cristo. *"Vosotros, pues, sois el cuerpo de Cristo, y miembros cada uno en particular"* (1ra Corintios 12:27). Eso significa que usted, como miembro individual, debe tomar dominio mientras se conecta con otros en el cuerpo.

> ## *"¿Para que nací?" Usted está aquí para tomar dominio.*

Su dominio es su destino en Cristo. Por lo tanto, es de vital importancia que usted llegue a su completo propósito de madurez en la tierra, el cual conlleva llegar a una completa posición de funcionamiento en la marcha.

SU DOMINIO ES SU DESTINO

Alguna vez usted se preguntó: "¿Para qué nací? ¿Por qué Dios me puso en la tierra?" Usted está aquí para tomar dominio. Ese loado propósito fue lo primero que se estableció en Génesis 1:26:

> *Entonces dijo Dios: Hagamos al hombre a nuestra imagen, conforme a nuestra semejanza; y señoree en los peces del mar, en las aves de los cielos, en las bestias, en toda la tierra, y en todo animal que se arrastra sobre la tierra.*

Aun después de la caída, Dios nunca cambió Su pensamiento acerca del propósito establecido: *"y señoree".* La humanidad no perdió la promesa de dominio y Dios no renunció a

Su propósito para nosotros. De hecho, Cristo vino a restaurar nuestra posición ante Dios para que nosotros reasumiéramos nuestro propósito, lugar y posición en la tierra. Romanos 8:19 habla de esta promesa de completa restauración cuando dice: *"Porque el anhelo ardiente de la creación es el aguardar la manifestación de los hijos de Dios".*

Se habla mucho acerca del cuerpo de Cristo y el reino de Dios obrando en la tierra. Pero en realidad y en relación a esta verdad, la mayoría de los miembros del cuerpo de Cristo está viviendo como los ateos. Nosotros predicamos sobre el reino y la realidad del día presente, pero actuamos como si en verdad no existiera. De nada le sirve ser un rey si usted no está a cargo de nada. Apocalipsis 5:10, dice: *"Y nos ha hecho para nuestro Dios reyes y sacerdotes, y reinaremos sobre la tierra"* (Véase también 1ra Pedro 2:9).

Hacerse cargo significa moverse en dominio, una posición de autoridad espiritual y privilegio que fue perdida pero debe ser recuperada. Echemos un vistazo más detallado a este pasaje fundamental en Génesis, el cual establece nuestro derecho y responsabilidad de dominio.

Dominio Sobre los Peces

El dominio en Génesis 1:26 comienza con nuestra posición sobre los mares, porque dice: *"Y señoree en los peces del mar".* Esto concierne al reino natural, pero no se detiene ahí. El principio de interpretación espiritual establecido en 1ra Corintios 15 sugiere que un principio es establecido primero en lo natural y luego en lo espiritual. *"Más lo espiritual no es primero, si no lo animal; luego lo espiritual"* (1ra Corintios 15:46).

En otras palabras, a la humanidad se le dio el dominio sobre los peces del mar, lo natural, el pez. Pero una segunda lectura espiritual también es posible. A lo largo de las Escrituras, Dios se refiere a la humanidad como a peces del mar. En una oportunidad, y hay muchas más, a los discípulos se les dijo que se convirtieran en pescadores de hombres. En otra parábola, el reino de Dios es comparado a pescadores que han tenido una gran pesca. Estos peces están claramente considerados las almas vivientes de hombres y mujeres.

La historia del profeta Jonás se enfoca en un gran pez. Él fue llamado a ministrar en Nínive, pero no quiso ir, así que se encaminó directamente en dirección opuesta hacia Tarsis. Cuando una tormenta de devastadoras proporciones azotó y amenazaba el barco, los marineros entendieron la desobediencia de Jonás y lo lanzaron a las aguas. Pero Dios tenía preparado un pez para que se lo tragara. La Biblia nos dice que él fue a las meras puertas del infierno.

> *Tan pronto como usted le clame a Él, Dios lo traerá devuelta a tierra seca.*

Los problemas de Jonás comenzaron con su propia desobediencia, pero terminó en triunfo. Sin embargo, entre la tragedia y el triunfo ese fue un viaje que se extendió hasta el infierno. Jonás, de acuerdo con la Palabra, estuvo en el vientre del pez por tres días, eso también indica que durante este tiempo visitó el infierno.

Su viaje presente no es diferente. Muchas de las tragedias en su vida son causadas por usted mismo y sus triunfos serán el don de Dios para usted. Entre tanto, usted pasará por una muerte y resurrección que lo llevarán al propósito de su destino. Todos nosotros debemos seguir a Cristo y tomar nuestras cruces de sufrimiento y muerte para ganar el poder de la resurrección en nuestras vidas y ministerios. Algunas de las cosas por las que usted va a pasar llevan la intención de enfocarlo para que usted aprenda a orar. Dios preparará un problema y le mostrará a usted lo que parece el infierno, y tan pronto como usted le clame a Él, Dios lo traerá devuelta a tierra seca.

Cada santo destinado al poder y autoridad experimentará cierta medida de Su muerte, sepultura y resurrección. No me importa cuan bajo, cuan mal se vuelva la situación o que tan lejos tenga que caminar en su valle. Usted experimentará la muerte allí, pero también encontrará la resurrección. Usted aprenderá a reconocer: "Cuando Dios esté listo para levantarme, Él lo hará. Yo seré puesto en tierra seca".

Jonás fue lanzado del barco en medio del océano por los que le rodeaban. En su vida, puede que ellos le llamen provocador de problemas, pero Dios tiene algo preparado para usted. Déjelos que le den un homenaje póstumo y hablen de usted,

> *Cada valle de su vida está listo para ser exaltado.*

porque lo que usted piensa que es una maldición, realmente es una bendición. Llegará el día cuando Él esté listo para liberarlo a usted y usted dirá: "Aquí vengo, y vengo más fuerte que antes. No me importa cuan bajo he estado; Dios dijo que me levantaría. El diablo no va robar mi gozo. No voy a permitir que mi situación actual robe mi gozo, porque mi situación financiera está lista para resucitar".

Siento que usted está saliendo del valle ahora mismo. Cada valle de su vida está siendo preparado para ser exaltado (Véase Isaías 40:4). Puede que usted se sienta morir, pero se está respirando un soplo de vida de nuevo en usted. Puede que sus amigos y familia lo hayan sepultado, pero usted se está preparando para salir de la sepultura al igual que Lázaro lo hizo.

No importa cuan profunda sea su depresión, o deuda, o adicción sexual, Dios dice: "Te he dado dominio y estás listo para recuperarlo".

Jesús fue al infierno para tomar las llaves de la muerte, el infierno y el sepulcro. El viaje que usted hizo al infierno fue para ganar autoridad sobre su situación. Su experiencia en el infierno hizo algunos cambios en usted los cuales debían ser hechos. Dios le hizo pasar a usted por algunas cosas para que usted se cansara de su pecado. Ahora, en vez de derrota, usted será capaz de decir: "Tengo autoridad en esa área de mi vida". Pues de su viaje al infierno, lo que una vez lo detenía, ya no lo podrá detener más. Lo que antes lo ataba a usted, ya no lo podrá atar más.

Habrán manifestaciones físicas porque usted se está levantando, usted está regresando de su infierno. Usted fue al infierno a recuperar la dignidad; usted fue al infierno a recuperar el respeto de sí mismo; usted fue al infierno a recuperar el auto-control. Usted está regresando, usted nunca más será el mismo. El favor de Dios ha sido puesto sobre su vida.

Dominio Sobre las Aves de los Cielos

Dios no le dio a la humanidad dominio sobre los peces y nada más. Él también le dio dominio sobre las aves del cielo. Estos representan principados y poderes, fuerzas demoníacas y al príncipe del poder del aire. La mayoría de los santos no toman dominio sobre las aves del cielo.

En Génesis 15, Abraham entró en pacto con Dios y preparó el sacrificio. Las Escrituras dicen que las aves comenzaron a bajar al sacrificio, tratando de comérselo. Abraham se tuvo que levantar para proteger ese sacrificio y ahuyentar a las aves:

[Dios] *Y le dijo* [a Abram]: *Tráeme una becerra de tres años, y una cabra de tres años, y un carnero de tres años, una tórtola también, y un palomino. Y tomó él todo esto, y los partió por la mitad, y puso cada mitad una enfrente de la otra; más no partió las aves. Y descendían aves de rapiña sobre los cuerpos muertos, y Abraham las ahuyentaba.*

(Génesis 15:9–11)

Cada vez que usted trate de acercarse a Dios y caminar en Sus caminos, el diablo tratará de impedírselo. Usted regresará a casa y encontrará que el correo le trajo malas noticias o que su esposa está enojada con usted.

Jesús dijo: *"He aquí, el sembrador salió a sembrar. Y mientras sembraba, parte de la semilla cayó junto al camino; y vinieron las aves y la comieron"* (Mateo 13:3,4). Tan pronto como el sembrador sembró la palabra, las aves vinieron a robarse lo que se había sembrado. Las aves son los espíritus que vuelan en el espacio exterior donde la Palabra ha sido sembrada, tratando de devorar la semilla antes de que crezca.

Usted oye la Palabra de Dios y recibe fe en su corazón para vencer su pobreza o su adicción. Pero antes de que usted salga de la iglesia, los pensamientos vienen volando a su cabeza, diciendo: "Nadie puede arreglar la deuda que tengo. Ni aún Dios". "Moriré en mi adicción". O, "Podría divorciarme, total qué más da. Nadie puede salvar mi matrimonio". Estos son espíritus que tratan de volar sobre su pacto con Dios para robarle a usted su seguridad llenándolo de dudas.

Domingo a domingo, para cuando usted llega a su carro para volver a casa, los pensamientos están llenándole la cabeza de dudas, robándole a usted lo que el Señor ha plantado dentro de su vida. Al igual como Abraham ahuyentaba a los buitres, usted debe aprender a tomar autoridad sobre esos pensamientos que tratan de exaltarse contra la Palabra de Dios.

Para algunos de nosotros, el problema más grande es permitir que pensamientos contrarios a la voluntad de Dios llenen nuestras mentes y corazones. Eventualmente, estos forman fortalezas. Segunda de Corintios 10:4, dice: *"Porque las armas de nuestra milicia, no son carnales, sino poderosas en Dios para la destrucción de fortalezas".*

Permita que Dios sople en usted, diciendo: "Esta es su amanecer".

¿Sopló hoy Dios dentro usted hoy, diciendo: "Esta es su llamada a un gran despertar en este amanecer"? No permita que la duda inunde su mente. La fe funciona más allá de la esfera de los hechos y la razón. Dios a menudo traspasa nuestros "hechos" porque Él es la verdad.

Él dice que todo es posible para el que cree (Véase Mateo 17:20). Por consiguiente, ahuyente cada pensamiento, cada ave que es enviada a robarle su fe y robarle sus promesas.

Desaloje al Diablo

Si alguna vez ha poseído una propiedad para arrendamiento, usted puede entender cuan difícil puede ser desalojar al arrendatario. Sin embargo, hay cierto momento cuando se puede hacer. Hay algunos pensamientos, algunas aves, que han hecho nido en su mente por años y ellos le están matando su alegría y su espíritu. Cada persona alrededor de usted ha sido afectada por ellos. Tome dominio sobre estas aves y expúlselas ahora mismo en el nombre de Jesús.

Algunos de nosotros realmente no queremos deshacernos de algunas de las aves que nos roban. Cuando el mendigo fue sanado en la puerta del templo, él ciertamente no pidió ser sanado. Él lo que quería era dinero. El ser sanado significaba un cambio total e incómodo para su estilo de vida. Al recibir sanidad él requería conseguir un trabajo y dejar a todos los otros limosneros amigos que él había conocido.

Algunos de nosotros hemos vivido lastimosamente por tanto tiempo que no sabemos si queremos estar bien. El ser liberado significará aprender a tomar responsabilidad. Eso significará dejar todo lo que hemos conocido, y, puede que eso sea muy atemorizador.

Cuando Jonás salió del pez, él fue escupido en tierra seca. Para su información, cada lugar que la planta su pie pisará le ha sido dado a usted (Véase Josué 1:3). Donde usted está parado es suyo ya, así que tome dominio sobre ello. Quizás usted piensa que su viaje al infierno le causó pérdida de tiempo en el plan y propósito de Dios para su vida. Usted no ha perdido ni un momento. El reloj de Dios tenía trazado su valle y aunque parecía como un desvío, usted se ha encaminado directamente hacia delante. Y ahora que usted está dejando su valle, Dios dice: "Te voy a empujar a la posición correcta y entonces te daré una promoción".

Capítulo 7

La marcha de los redimidos

Nos espera una gran marcha santa de los hijos de Dios que vienen a encontrarse con él en procesión triunfante. Cada tribu, pueblo, lengua y familia serán representados juntos con aquellos de las eras pasadas. Algunos danzarán y cantarán las canciones de Asia. Algunos se regocijarán y alabarán en inglés. Algunos adorarán en las lenguas de África, al igual que todos los europeos–rusos, suecos, franceses y alemanes–se presentarán ante Su majestuoso trono.

Será un tiempo de poder resucitador como ningún otro. Pero cuando ese día glorioso finalmente venga, ¿estará usted listo?

Una Fe más Grande

Aquellos que se presenten ante el Señor en aquel gran día serán vestidos con ropas blancas, lo cual simboliza el poder de la resurrección. Los santos en aquel día andarán y vivirán en el poder de la resurrección, pero para llegar allí habrá que experimentar la muerte. Ellos habrán viajado por el valle y habrán sido cubiertos bajo su sombra. La marcha a través de ese valle debe preceder a la procesión triunfante, la cual significa que usted tiene una posición en ambos desfiles.

Para entender este principio un poco mejor, miremos la historia de Lázaro:

Estaba entonces enfermo uno llamado Lázaro, de Betania, la aldea de María y Marta su hermana. (María, cuyo hermano Lázaro estaba enfermo, fue la que ungió al Señor con perfume, y le enjugó los pies con sus cabellos). Enviaron, pues, las hermanas para decir a Jesús: Señor, he aquí el que amas está enfermo. (Juan 11:3–4)

Cuando Jesús oyó que Lázaro estaba muriendo, en vez de venir inmediatamente, Él caminó dos días más hasta que su amigo íntimo murió. María y Marta estaban profundamente desilusionadas sabiendo que Jesús tenía el poder para sanar a Lázaro mientras estaba enfermo, pero Él no vino inmediatamente.

> *Dios quiere estirar su fe para que usted crea en cosas más grandes.*

Puede que usted esté en circunstancias similares ahora mismo. Usted ha orado para que Jesús arregle su problema, lo libere a usted o lo deje libre de aflicción o dolor. Pero parece que Jesús se está tardando, y sus dificultades han ido empeorando. Usted puede estar confundido ahora como María y Marta lo estaban cuando su hermano murió.

María y Marta creían que Jesús sanaría a Lázaro si estuviera vivo aunque enfermo, pero a ellas les faltaba la fe para creer que Jesús le devolvería la vida a su hermano después de muerto. Quizás Dios quiere estirar su fe para que usted crea en cosas más grandes que las que usted entiende.

En el versículo 14, Jesús de manera simple le dijo a Sus discípulos: *"Lázaro está muerto"*. Y en los versículos 21 y 22, Marta reveló gran fe: *"Y Marta dijo a Jesús: Señor, su hubieras estado aquí, mi hermano no habría muerto. Más también sé ahora que todo lo que pidas a Dios, Dios te lo dará".*

Talvez usted esté pasando por circunstancias mortales y siente que Dios no ha mostrado Su rostro. Sin embargo y de alguna manera usted continúa sintiendo Su presencia, por lo que está confundido. Usted está diciendo: "Yo sé que parece un caso sin esperanzas, pero Dios...yo sé que si Tú quieres hacerlo. Tú puedes".

USTED TAMBIÉN RESUCITARÁ

Jesús le respondió a Marta: *"Tu hermano resucitará"* (Juan 11:23).

¿Ha caído usted al tratar de seguir la voluntad de Dios? Hablamos de personas que caen cuando son tentados a hacer cosas malas, pero ¿qué de caer cuando usted está haciendo lo que es correcto? Talvez usted trabajó duro en un empleo y aun así lo despidieron porque usted se convirtió en el chivo expiatorio de la falla de alguien más. O, quizás su matrimonio ha fracasado, aunque usted trabajó duro para ser una buena esposa o esposo. De alguna manera esto explotó frente a usted y usted quedó con un enorme hueco en su corazón, de manera que no puede imaginarse a dónde se fue Dios.

Usted está desilusionado con Dios. Si sólo Él hubiera estado allí, su esposa no se hubiera relacionado con otra persona, el bebé no se hubiera enfermado o muerto, o usted todavía conservaría el trabajo. Yo tengo un anuncio para usted: Jesús está diciendo: "Tú resucitarás".

Y le dijo Jesús: Yo soy la resurrección y la vida; el que cree en mí, aunque esté muerto vivirá. Y todo aquel que vive y cree en mí, no morirá eternamente. ¿Crees esto?

(Juan 11:25–26)

Jesús llegó hasta la tumba [de Lázaro], pero una gran piedra cubría la sepultura. Jesús ordenó: *"Quitad la piedra"* (versículo 39).

REMOVIENDO LA PIEDRA

Talvez la razón por la que se siente desanimado es que una gran roca se interpone entre usted y sus bendiciones. Usted necesita que alguien mueva esa piedra. Lo que quiero decir es que usted necesita un poco de ayuda en relación al milagro que está buscando. Quizás usted necesita un poco de fuerza o algunos recursos que no puede obtener ahora mismo. Hubo temporadas que cuando yo me sentí tan bajo que alguien tuvo que alcanzarme y ayudarme a subir. Yo no me desperté una mañana y me levanté por mi mismo-alguien tuvo que llamarme. Yo necesitaba que alguien más que me extendiera la mano y me sacara de mi desesperación y oscuridad.

Dijo Jesús: Quitad la piedra. Marta, la hermana del que había muerto, le dijo: Señor, hiede ya, porque es de cuatro días. (Juan 11:39)

Cuando Jesús ordenó que quitaran la piedra, Marta protestó que tenía cuatro días de muerto, el cuerpo debía estar hediondo. ¿Alguna vez ha ayudado usted a quitar la piedra de otro dilema sólo para advertirle al Señor que la persona hiede? Algunas personas han estado en pecado por tan largo tiempo que continúan hediendo mucho después de que son salvados. Mas Dios no necesita que usted le advierta a Él de la fetidez de otra persona.

Si Dios le dice a usted que ayude a sacar a alguien, entonces ayude. Obedezca al Señor sin protestar. Él no necesita que usted Le diga que esa persona hiede, porque en verdad, si usted no se hubiera puesto colonia usted tampoco podría oler tan bien. Es asombroso como nosotros discernimos el pecado de alguien más, pero raras veces olemos nuestra propia fetidez.

Lázaro había estado muerto por cuatro días y Jesús habló a Marta de la fe. Él dijo: *"¿No te he dicho que si creyeres, verás la gloria de Dios?"* (Juan 11:40). Después que la piedra fue removida, Jesús oró, y luego gritó a Lázaro: *"¡Lázaro, ven fuera!"* (Versículo 43). Y el que había estado muerto por cuatro días en la sepultura salió vivo.

¡Lázaro, Ven Fuera!

Usted también, es un Lázaro si usted se ha estado levantando a media noche porque Dios lo está llamando a orar. Usted es un Lázaro si ha estado oyendo un sonido que viene del Espíritu, un llamado a su hombre interior para que se levante de donde está en la sepultura de la complacencia y la inacción. Usted no puede caminar todavía, pero puede empezar a creer. Hay personas más allá de su campo de visión listos y esperando quitarle las ropas de sepulcro. Todo lo que ha estado encerrado dentro de usted está listo para ser liberado.

¡En el nombre de Jesús, yo lo estoy llamando a que salga de su tumba! Quizás usted ha estado muerto por mucho tiempo; sin embargo, Dios está listo para sacarlo. Sería una vergüenza morir sin haber vivido verdaderamente. Jesús dijo: *"Yo he venido para que tengan vida"* (Véase Juan 10:10). Dígale al Señor: "No me olvides".

Talvez todas las cosas de su vida han pronunciado muerte en usted. Nadie espera que usted regrese de donde ha estado. Usted ha estado en la sepultura por mucho tiempo. Bien, ahora mismo, en el nombre de Jesucristo, yo lo llamo para que salga de su sepulcro. La voz de Dios lo está llamando a usted: *"¡Ven fuera!"*.

Jesús nunca levantó a una persona de la muerte para probar Su poder. Marta sabía de Su poder. Ella le dijo: *"Más yo sé ahora que todo lo que pidas a Dios, Dios te lo dará"* (Véase Juan 11:22). Los que estaban alrededor de Jesús entendieron bien Su poder. No obstante, Él solamente levantó de la muerte a unas pocas personas: entre ellas, la hija de Jairo y Lázaro. Él resucitó a estas personas porque sus destinos estaban incompletos. Dios no había terminado con ellos; la conclusión de sus historias no se había escrito.

> *La voz de Dios lo está llamando a usted: "¡Ven fuera!".*

¿No le suena parecido a usted también? Usted debe decir: "Dios no ha terminado conmigo todavía. No puedo salir como estoy porque Él me ha dado promesas que no se han cumplido. Mi historia no se ha completado. Podría parecerles a todos alrededor mío que mi vida terminó, pero estoy para levantarme de nuevo. ¡Ellos van a ser testigos de otra resurrección de la muerte!"

Quizás usted pasó por un divorcio, o talvez usted ha estado batallando con el cáncer. Talvez usted ha caído de bruces financieramente o moralmente. O quizás su sueño murió hace mucho tiempo–hace tanto tiempo que por años usted no ha hablado de ello. Aquellos alrededor de usted lo han envuelto con duda y negatividad como los vestidos para sepultura. Usted ha sido amortajado tan apretadamente que usted no puede moverse. Usted ha estado atado por su incredulidad y palabras negativas. Ellos han llorado su muerte.

Si le suena como a usted, es tiempo de levantarse y declarar: "¡Todavía no he sido terminado! Ojos no han visto, ni han oído lo que Dios ha preparado para mí. ¡No estoy muerto!"

VIVIENDO EN UN LETARGO

Puede que usted esté pensando que le está yendo muy bien ahora mismo. Pero, en verdad, usted ha estado sonámbulo. Su espíritu de hombre apenas ha estado existiendo, viviendo en un letargo. Sólo porque una persona esté en coma no quiere decir que él o ella no respondan. Recientemente fui a un hospital con otro ministro para ver a una joven que había estado en un accidente. La enfermera se persistió en llamarla y moverla. La enfermera dijo: "Sólo manténganse llamando su nombre".

"¡Lázaro, ven fuera!"

Durante el último año usted ha experimentado una inquietud dentro de sí. Usted pensó que el diablo venía tras de usted cuando todo le comenzó a salir mal. Pero no era el diablo el que ha estado tras de usted, era Dios. Dios ha estado llamándolo a usted, tratando de moverlo para que despertara, agitándolo para saliera de su letargo.

"¡Lázaro, ven fuera!"

Cuando era niño, mi madre tenía una manera de hacerme volver en juicio simplemente llamando mi nombre. Ella decía: "Eddie..."

Yo contestaba: "Pero, mamá...yo..."

"¡Eddie!"

Algo sucede cuando Dios lo llama por su nombre. Usted recibe una percepción de su destino, un entendimiento más grande de lo que usted es. Usted no es todos aquellos nombres críticos por los que otros lo han llamado a usted. Cuando Dios llama su nombre, Él lo impulsa a usted hacia su destino.

Jesús llamó en voz alta justo en la tumba donde Lázaro yacía muerto. "¡Lázaro, ven fuera!"

¿Dónde murió usted? ¿Dónde fue puesta su visión? ¿Dónde abandonó la esperanza? ¿En qué día usted dejó de creer que Dios podía hacer lo que Él prometió? ¿Dónde estaba usted cuando escogió permitir que la amargura consumiera su corazón? ¿Qué sucedió cuando usted le permitió a alguien que lo enterrara con la duda, la vergüenza y el desaliento?

> *Dios nunca lo dejó y Él nunca lo decepcionó. Él siempre ha estado allí.*

Muéstreme dónde se descarriló usted. Muéstreme quien le mintió a usted. Señale el lugar donde sus sueños fueron rotos y paró de soñar. ¿Qué hizo que dejara de soñar por temor al desaliento? Muéstreme dónde decidió usted que Dios no le mostraría alguna cosa milagrosa en su vida; muéstreme dónde perdió la inocencia usted. ¿Dónde está el lugar que usted cree Dios le decepcionó? ¿Dónde estaba usted cuando su corazón dijo: "Señor, si Tú hubieras estado allí…"?

Sepa esto, Dios nunca lo dejó a usted y Él nunca lo decepcionó. David, dijo:

¿A dónde me iré de tu espíritu? ¿Y a donde huiré de tu presencia? Si subiere a los cielos, allí estás tú; y si en el Seol

hiciere mi estrado, he aquí, allí tú estás. Si tomare las alas
del alba y hablare en el extremo del mar, aun allí me guiará
tu mano, y me asirá tu diestra. (Salmos 139:7–10)

Él siempre ha estado allí. Puede que usted haya tenido un viaje algo duro, pero la única razón por la que no fue aun más áspero fue por Su bondad y cuidado hacia usted. Y la única razón que lo hizo a usted salir al otro extremo fue porque Él lo sostuvo en la palma de Su mano cada paso del camino. En vez de culpar a Dios, debería agradecerle por haberlo guardado a usted.

Usted no ha vivido todavía, pero usted va a salir vivo. ¿Oye usted la voz del Maestro llamando?:

"¡Lázaro, ven fuera!"

Rompiendo el Sello

Cuando enterraron a Lázaro, ellos sellaron la tumba. En mi vida, yo he atravesado por cosas bastante difíciles, pero lo que hizo más difícil de regresar fue que los que estaban alrededor mío sellaron mi destino. ¿Qué de bueno es ser perdonado y haber recibido una segunda oportunidad cuando todos alrededor de suyo solamente recuerdan la fetidez de la muerte que estaba en usted? Aquellos que lo sellaron a usted en su tumba continúan hablando de la antigua personas. Esas amargas palabras lo destinan a usted a vivir bajo una nube de oscuridad de los pasados errores.

Aquellos que estaban al pie en la tumba de Lázaro pudieron haber supuesto que Jesús no rompería el sello de la piedra y la removería, pero Él lo hizo. Usted ha estado desilusionado y desanimado, pero ¿alguna vez consideró por qué el diablo ha trabajado tan arduamente para mantenerlo a usted alejado de su propósito y llamamiento? ¿Qué sabe él de usted que usted aun no conoce de usted mismo? Usted ha tenido necesidad de que alguien le ayude a quitar la piedra para que pueda salir. Ha habido una cantidad de cosas que le retienen su regreso. Pero no mire hacia atrás a los obstáculos, o ellos le impedirán su progreso hacia delante.

Salga, en el nombre de Jesús. Todo lo que lo limita o lo impide a usted, yo lo maldigo y lo saco de su camino en el nombre de Jesús. Ahora mismo, en el nombre de Jesús, yo lo libero a usted de cada fuerza demoníaca y barreras mentales que han mantenido sellado su destino. Ellos están destruidos y yo declaro que la paz de Dios llenará su mente. En el nombre de Jesús, yo maldigo cada espíritu que lo ha sujetado a usted y yo hecho fuera de usted esos espíritus. Usted está libre, porque a quien el Señor liberta verdaderamente *es* libre.

> *Dios está llamando a Su iglesia, como a un pueblo, que salga de la sepultura.*

¡Lázaro, ven fuera!"

Dios no lo libertó a usted para reprimirlo. Usted ahora está vivo y puede vivir en prosperidad–en cuerpo, alma y espíritu. Usted ha sido liberado y por Sus llagas usted fue sanado. Lo que haya estado sujetándolo a usted, ya no puede sujetarlo más.

Su Reino Viene

Dios no solamente lo está llamando a usted a salir de la tumba del sueño espiritual, la atadura y la muerte. Él está llamando a Su iglesia, como a un pueblo, que salga de la sepultura. *"Todo lo hizo hermoso en su tiempo; y ha puesto eternidad en el corazón de ellos* (Eclesiastés 3:11). Nadie es descalificado de los propósitos de Dios.

La liberación de Lázaro fue tan espectacular que él no que entregar trataditos para convencer a la gente a que creyera. Cuando Lázaro regresó a casa y se sentó a la mesa para comer con Jesús, todo el mundo vino a verlo porque ellos oyeron que él que había estado muerto y ahora estaba vivo. Lázaro vino a ser un testimonio viviente.

El propósito de algunos de sus valles puede haber sido para que usted fuera un testigo. Cuando el rebaño lo vea liberado y escuchan su historia, ellos se regocijarán en el poder de Dios. Gracias a Dios por el testimonio que Él le ha dado a usted. Dios captó la atención de aquellos que lo habían sacado completamente de la carrera. No importa dónde ha estado usted o cuán bajo ha caído, Dios tiene todo el poder para sacarlo y hacerlo que se levante.

Antes que todo pase, ellos estarán orando a Dios junto con usted, diciendo: "Ya no estoy atado más. Soy libre".

Por qué no somete su vida a Sus propósitos, posición, y poder de nuevo ahora mismo. Este es Su mandato poderoso en la tierra. Nuestros ojos observarán las maravillas y nuestros corazones se emocionarán con la gloria del Señor. Lo que estaba muerto, ahora vive y Él hizo todas las cosas nuevas.

No pasará mucho tiempo cuando todos nos levantemos en el poder de la resurrección para unirnos en esa gran celebración. Usted tendrá su parte al igual que yo. Nos presentaremos juntos ante Su glorioso trono, una multitud que no se podrá contar: la marcha de los redimidos.

La Marcha de los Redimidos

Será una marcha como ninguna otra, cuando todos los hijos de Dios aparezcan ante Él unánimemente habiendo recuperado todo lo que les fue robado, unidos todos en perfección de unidad y solidaridad de amor. Nos quitaremos los vestidos de sepulcro y nos pondremos los vestidos de lino de luz, y cambiaremos los vestidos de llanto por los de alegría y celebración de nuestra nueva vida en Cristo (Véase Isaías 61:3).

Es una marcha que ha sido esperada a través de todas las épocas del tiempo y hablado en todas las páginas de las santas Escrituras (Véase Salmos 68:24). Nosotros tendremos nuestro lugar en ese glorioso día, cantando cánticos de adoración ante el glorioso trono cuando los santos de Dios marchen a casa.

> *Después de esto miré, y he aquí una gran multitud, la cual nadie podía contar, de todas naciones y tribus y pueblos y lenguas, que estaban delante del trono y en la presencia del Cordero, vestidos de ropas blancas, y con palmas en las manos; y clamaban a gran voz, diciendo: ¡La salvación pertenece a nuestro Dios que está sentado en el trono, y al Cordero!* (Apocalipsis 7:9–10).

Acerca del Autor

E ddie L. Long es el visionario y líder de *New Birth Missionary Baptist Church* (Iglesia Bautista Misionera el Nuevo Nacimiento). Desde su instalación en 1987, la membresía de *New Birth* se ha multiplicado rápidamente de trescientas a más de veinticinco mil personas. En ese tiempo, el Obispo Long dirigía numerosos esfuerzos de expansión de edificios, adquisiciones de terrenos y desarrollos urbanos. En 1991, estas obras lo llevaron a la construcción de un santuario con capacidad para tres mil setecientas personas; en 1999, un Centro de Vida para la Familia; y en el año 2001, un complejo con capacidad para diez mil personas.

Localizado en el corazón del Condado DeKalb, Georgia, en la ciudad de Lithonia, la *New Birth Missionary Baptist Church* continúa impactando a la comunidad por medio de incontables programas de alcance y proyectos de habilitación de la comunidad. Él también sirve como fundador y CEO [*Chief Executive Officer* (oficial ejecutivo)] de *Faith Academy*, la escuela de excelencia de *New Birth*.

Nativo de Carolina del Norte, Long recibió su Licenciatura en Administración de Empresas de la Universidad Central de Carolina del Norte y Maestría en Divinidades del Centro Teológico Internacional de Atlanta. Adicionalmente, Long ha recibido doctorados honoríficos de la Universidad Central de Carolina del Norte, Colegio Bíblico de *Beulah Heights* en Atlanta y de la Escuela de Religión Morehouse. En el año 2006, el Obispo Long recibió un diploma pastoral en Ministerio Pastoral del Colegio Internacional de Excelencia, una afiliada de *Life Christian University*, en Tampa, Florida.

El Obispo Long es respetado local, nacional e internacionalmente como un hombre dinámico de visión, liderazgo, integridad y compasión. Él sirve en una cantidad de juntas incluyendo: la Junta de Directores de *Morehouse School of Religion*; la Junta de Visitantes para *Emory University*; la Junta de Síndicos de la Universidad Central de Carolina del Norte; la Junta de Síndicos de *Young Life*; la Junta de Síndicos de la para *Fort Valley State University*; la Junta de Directores para *Safehouse Outreach Ministries*, y la Junta de Síndicos de *Beulah Heights Bible College*. Él también es miembro honorario de *100 Black Men of America*. El Obispo Long ha sido nombrado uno de los 125 líderes de mayor influencia en Estados Unidos y ha recibido una plétora de premios de reconocimiento a su ministerio que transforma al mundo. Un constante defensor para el cambio y conscientización, el Obispo Long fue honrado por el *Center for Disease Control* y la *National HIV/AIDS Partnerships (NHAP)* por su trabajo sobresaliente en el combate de la expansión del VIH/SIDA.

En el año 2004, el Obispo Long estableció un programa de mentoría conocido como el *Longfellows Summer Academy* para ayudar con el desarrollo mental, físico y espiritual de jóvenes entre las edades de doce a dieciséis años. Lo que empezó como un programa de ocho semanas rápidamente se desarrolló a un compromiso de por vida. Y con este nuevo compromiso, el Obispo Long comenzó a recaudar fondos destinados a becas de educación para los sesenta y tres miembros fundadores de la *Longfellow Summer Academy*.

El programa de televisión, *Taking Authority*, del Obispo Long que se ve en ciento setenta países a nivel mundial, ha recibido nacionalmente más de 40 honores de reconocimiento. Un autor célebre, el cautivante y poderoso mensaje del Obispo Long es magistralmente captado en numerosas series de audio y video incluyendo: *I Don't Want Delilah, I want You; The Spirit of Negativity and Familiarity and Kingdom Relationship; Power of Wise Woman; What a Man Wants, What a Woman Needs; Called to Conquer; Gladiator: The Strength of a Man; Taking Over*, y su más reciente: *Este Es Su Momento*.

En el año 2006, el Obispo Long fue honrado por la familia King para oficiar las ceremonias de exequias de la señora Coretta Scott King-esposa del difunto Martin Luther King, hijo.

El Obispo Long y su esposa Vanessa, son padres orgullosos de cuatro hijos: Eric, Edward, Jared y Taylor. La pareja ha servido también como padres sustitutos para muchos otros niños en la iglesia y la comunidad.

Los Principios y el Poder de la Visión
Dr. Myles Munroe

El autor de best-sellers, Dr. Myles Munroe explica la forma cómo tú puedes llegar a hacer de tus sueños y de tus esperanzas una realidad viviente. *Los Principios y el Poder de la Visión* te va a proveer con principios que han sido probados a través de los tiempos, y que te van a capacitar para poder llevar a cabo tu visión, sin importar quién eres tú, o de dónde vienes tú.

ISBN: 978-0-88368-965-3 • Rústica • 272 páginas

www.whitakerhouse.com